雷军

创业没有时间表

CHUANGYEMEIYOUSHIJIANBIAO

胡以贵◎著

中国财政经济出版社

图书在版编目（CIP）数据

雷军：创业没有时间表 / 胡以贵著. —北京：中国财政经济出版社，2014. 5

ISBN 978-7-5095-5316-9

Ⅰ. ①雷… Ⅱ. ①胡… Ⅲ. ①雷军－传记 Ⅳ. ①K825. 38

中国版本图书馆 CIP 数据核字（2014）第 073559 号

责任编辑：蔡　宾　　　文字编辑：魏　超

责任校对：新　言　　　装帧设计：张子航

中国财政经济出版社 出版

URL：http//www. cfeph. cn

E-mail：cfeph@cfeph. cn

社址：北京市海淀区阜成路甲 28 号　邮政编码：100142

营销中心电话：010-88190406　北京财经书店电话：010-64033436

河北信德印刷有限公司　各地新华书店经销

710×1000 毫米　16 开　17. 25 印张　188 千字

2014 年 6 月第 1 版　2024 年 1 月第 4 次印刷

定价：58. 00 元

ISBN 978-7-5095-5316-9/F·4299

（图书出现印装问题，本社负责调换）

本社质量投诉电话：010-88190744

反盗版举报热线：88190492　88190446

前言

雷军是IT界的“老人”，马化腾和丁磊都曾经是其手下的站长。

雷军是互联网的新秀。一直以来，他无缘互联网的“前排”，直到“小米”一夜之间红遍大江南北，他才跻身互联网的前列。

他可谓少年成名，又可谓大器晚成。

他经历过彷徨、失落，最后终于成就辉煌。

他不缺失败的教训，也不缺成功的经验。

雷军的经历大致可分为三段：金山时期的IT劳模、金山隐退后的天使投资人、做小米重新创业。

雷军在金山的经历是其一生的痛。金山，是他的青春，是他曾经的梦想，但最终的结果却让其尴尬。

从金山离开之后，作为天使投资人，雷军有钱，有闲。这段时间，整个IT界纷纷扰扰，你方唱罢我登场，雷军作为旁观者，一直在观察，也一直在思索，一直在谋划。

雷军是一个有梦想的人，是一个不服输的人。

终于，耐不住寂寞的雷军，又一次出山了。

此次出山的雷军，有备而来。四十岁重新上路，不仅要有勇气，更要有智慧。经过多年压抑的雷军，能量充足，却不冲动。重新上路的雷军，是一个低调认命的雷军，是一个经过洗筋易髓的雷军，是一个具有无穷杀伤力的雷军。

此次重新上路，雷军带着新式“武器”而来。

第一个“武器”，就是他先选择了势。他顺势而为，确定了一个“把猪也能吹上天的风口”。也就是移动互联网。实践证明，他选择对了，雷军不是猪，他轻易飞上了天。

第二个“武器”，是互联网思维。当很多人还在对互联网是什么、怎么应用而犹豫的时候，雷军已经把“互联网”这个秘籍的功力练到了九重。当他出手的时候，有人惊奇，有人看不懂，有人惊讶：“原来这就是互联网思维。”以互联网思维做小米的雷军，功力已经不是常人可及。

第三个“武器”，是粉丝经济。当有数以万计的发烧友在给小米免费打工的时候，小米想要不成功都难。如果说粉丝经济是互联网思维的延伸，那小米就是粉丝经济的延伸。有了粉丝作为基础的小米，已经无人可及。

复出的雷军，势不可挡，他带着小米“呼啸”而来，又绝尘而去，当多数人还没看明白的时候，他已经是遥不可及。

自面世以来，小米每一款产品的投放，都足以引起一场尖叫，一场轰动。做“让客户尖叫的产品”，这是雷军的初衷，他做到了。

“人红是非多”。雷军所做的事虽然是“顺天应人”，然而其做法却足以让很多人摸不着头脑。于是各种猜测，各种诽谤，也纷至沓来：小米是否抄袭了别人？雷军如何从一个手机的外行，一下成了领军人物？小米技术含量到底如何？小米的“粉丝经济”是忽悠，还是新营销？非议，猜测，这些在预料之中，也在情理之中：任何伟大的成就，都是来自于某种“异想天开”。

面对质疑，雷军依旧淡定地走来。小米3、小米电视、红米、红米 note……这些几乎要颠覆行业标准的产品一次次冲击着消费者。尤其是小米电视的问世，更是让传统家电企业有“狼来了”的感觉。雷军不仅仅创造了小米，而是发起了一场革命，这场革命是从思维方式到营销模式、一直到产品和服务模式的革命。

本书从雷军观点出发，结合雷军的经历，既分析了雷军崛起的心路历程，又展示了雷军对于互联网以及投资、管理等方面的观点，让读者可以从此书中，发现移动互联网时代的金钥匙。

目 录

1 创业如跳崖，你准备好了吗

雷十条：创业者的葵花宝典

创业不是田园牧歌，也不是风花雪月。

在雷军看来，不少人把创业看作白手起家、空手套白狼，这在今天的商业社会里是非常不现实的。雷军还认为，有的人为了养家糊口被迫去创业，有的人为了面子和虚荣盲目去创业，这样的创业注定会很坎坷！

作为杰出的创业者、国内著名的天使投资人，在创业领域见证并经历过无数的成功与失败后，雷军总结出创业必须遵守十条原则：

（1）能洞察用户需求，对市场极其敏感。

（2）志存高远并脚踏实地。

（3）最好是两三个优势互补的人一起创业。

（4）一定要有技术过硬并能带队伍的技术带头人。

（5）低成本情况下的快速扩张能力。

（6）有创业成功经验的人加分。

（7）做最肥的市场。

（8）选择最佳的时间点。

（9）专注、专注再专注。

（10）业务在小规模被验证。

这十条被称为创业者的“葵花宝典”。

创业需要勇气，但成功却不是只是靠勇气就能做到的。

1987年，雷军上了武汉大学计算机系。读完大学二年级之后，他已经不满足于校园生活，准备闯荡江湖了。两年混下来，武汉电子一条街上各家电脑公司老板都成了熟人，他们有任何技术难题，都愿意找雷军帮忙。这样，雷军成了武汉电子一条街的“名人”。

在电子一条街打拼一段时间后，雷军自我感觉良好，就开始做梦：梦想写一套软件运行在全世界每台电脑上，梦想办一家全世界最牛的软件公司。于是，故事就这样开始了。

1990年夏，大三暑假。王全国有个同事，和他的一个朋友想办家公司，拉雷军和王全国入伙。他们两人负责市场销售，雷军和王全国负责技术和服务，股份四个人平分。公司取名为三色（Sunsir），他们希望红黄蓝三原色创造七彩的新世界。他们四个人都没有什么钱，也没有找人投资，最后还是雷军帮公司拿了第一张单子赚了几千元，才开始启动了。

当时公司什么赚钱就做什么，没什么套路。每天忙得热火朝天，白天跑市场销售，晚上回来做开发。

这种过家家似的创业，从一开始就注定了其结果。

当时雷军和王全国对自己的技术相当自信，另外两个人对自己的销售能力非常自信，好像“天作之合”，其实不然。

开公司谁投钱，开张后做什么，靠什么赚钱等等实际问题，他们不仅没有认真讨论过，甚至也没有人认真思考过。既没有对市场和用户需求认真的调查，也没有建立一个真正优势互补的团队，更没有后续资金的保障。更要命的是没有有创业成功经验的人加分，创业模式也没有被小规模验证，雷军在后来总结出的“雷十条”中的原则，当时一条都不具备。

与很多创业的热血青年一样，他们凭的是“初生牛犊不怕虎”的无知无畏，所有的一切都是基于想当然的想象。

公司刚开始的时候，他们的团队看起来也很强大，公司人最多的时候有十四个人，业务范畴也很宽范，卖过电脑，做过仿制汉卡，甚至接过打字印刷的活。实际上，账上基本没什么钱，连吃饭都是个问题。没过多久，他们仿制汉卡的技术就被人盗用了，对手一次做的量很大，卖的价钱也便宜，雷军他们的这个产品只好退市。

“买卖好做，伙计难当。”只要是合作，就会有争斗。所以，创业者面对的最大威胁有时不是来自团队外部，而是团队内部。当时，这个团队最烦心的一件事，就是有四个股份相同的股东，谁做董事长？谁说了算？这些问题根本不清楚。对于当时的情形，雷军回忆说：“当年二十岁刚出头，不想掺和这样的事情，但他们好几次把我从武大的教室里面叫出来开会，一开就是一通宵。短短几个月时间，董事长改选了两次。”

对于一个处于创业期的公司来说，内耗可以看作是企业发展中的一颗定时炸弹。

高涨的创业热情被残酷的现实一天一天消磨，雷军开始思考一个问题：作为一个大四的学生，自己是否具备创业所需要的能力？琢磨了好几个晚上，雷军提出散伙。大家同意了雷军和王全国退出，他们分了一台 286 电脑、一台打印机和一堆芯片，就离开了。

雷军的大学创业过程就这样惨淡收场了。

失败并不可怕，不能从失败中吸取教训才真可怕。后来的事实证明，雷军这次不算成功的创业，没有被浪费掉。

大学毕业后，雷军来到了北京。很快，这位中关村劳模便以孺子牛的精神和骁勇善战的劲头扬名于 IT 界。后来求伯君拉着雷军一起办了金山软件。雷军是 1992 年 1 月 4 日加入金山的，那个时候雷军 22 岁，雷军加入金山的时候，金山只有 5 个人，雷军是第六个。1998 年 8 月 12 日，金山重组，联想集团入股金山，成为金山的大股东，雷军出任金山的总经理，成为一个专职的管理人员，那时公司总人数不到 80 人。

当时，受微软等大的软件公司夹击，金山的生存空间很小。2002 年雷军特地去上海造访陈天桥，第二年，金山就推出了自己的游戏，但始终未占据重要地位。他还看好电子商务，金山和联想投资的卓越网，后因实在差钱，不得已卖给了亚马逊。总之，互联网的各个方向，金山都尝试过。雷军一直在学习做得最好的前辈，但总是差那么一步，即使是壮盛时期也没有成为过第一名。

他眼见一些等不到上市的高管离开，而那些曾经看着小草一样的公司忽然间就成了巨人。人尽皆知的中关村劳模，在金山15年，带着金山8年间五次冲击IPO（首次公开募股），终于上市。

在金山的日子，雷军还是创业，至于这次创业到底是成功还是失败，不同的人有不同的结论。不过，在金山的日子让雷军很受折磨，当然，也有足够的经验让其总结，足够的教训让其思索。

金山上市后，雷军离开了金山，转身当起了天使投资人，投资了一大批成功的企业。投资他从前的创业伙伴如陈年，投资他熟悉的朋友如俞永福。总之，他投资他的熟人圈子。他投资了一系列极具贸易价值的项目。比如凡客、UC浏览器（手机浏览器）、尚品网，几乎很少失手。徐小平曾经说："在投资界，雷军就是神一样的人物，非常非常厉害。"

手握创业"葵花宝典"的雷军，似乎已经战无不胜。

但当时的雷军还是有遗憾的，他还缺一家量级庞大、称得上伟大的企业，一件在雷军的评判标准上"大成"的案例。对照他关于创业的"雷十条"而言，他还缺一个真正能拿得出手的"重量级"的案例证明自己。

2011年8月，在北京798小米手机的发布会上，雷军开始了另一轮征途。他手拿一款名叫"小米"的手机在全国百家媒体和众多粉丝面前亮相。后来，雷军及其小米，不断创造着IT界的轰动。

雷军开始了新的创业征途，他从一个创业的前辈，成了互联网创业的后来者，也成了一个后来居上者。

优秀的创业者会离经叛道，还很夸张

怎样才算是一个优秀的创业者？雷军说："创业就是干别人

没有干过的事情；干别人干过了但没有干成的事情。一个非常优秀的创业者往往都是离经叛道的、那种很夸张的人。他有挑战一切的勇气，我觉得这是需要鼓励的品质。经验都是过去东西的总结，以前没有出现 Facebook，谁知道 Facebook 能产生？所以我鼓励创业者要能够挑战权威，颠覆现有规则才是成功的经验。”

创业，必定不是循规蹈矩地走前人走过的路子，所以，创业者必须要有创新的意识和克服困难的勇气。只有具有创新的意识，才能有坚定而有前途的方向，而要走前人没有走过的路，就要不断克服困难。

如果一条路很容易，那顺着这条路走下去，注定不会成功。

克服的困难多大，成就就有多大。优秀的创业者就在于突破常人的思维，解决别人看来无法逾越的困难，把别人心目当中的不可能变成现实。DEC 创始人、小型机之父肯 · 奥尔森在 1977 年称家庭没有必要使用电脑。电影界泰斗达里尔 · 扎纳克 1946 年预测人们将不再需要电视，因为人们会因为每晚都盯着这种夹板状的盒子看而感到厌倦。比尔 · 盖茨在 1981 年声称，个人电脑不需要超过 640K 的内存。英国邮政总局的总工程师威廉 · 普利斯 1878 年表示：“美国人需要电话，但是我们不需要。我们有众多的邮递员。”

创业者是走在时代前列的人，创业者注定是孤独的。创业者除了需要投资人提供的资金之外，更需要的是投资人的人脉帮助、信任及心灵的安慰。

也正是因为作为优秀的创业者，必须具有颠覆的精神，所以，雷军作为天使投资人，对自己投资的对象会给予更多的理解和支持。

雷军投资的时候不会去算收益率，因为没办法计算。他投的绝大部分公司，开始甚至连生意都还没有，有的公司名字都是他起的，所以他的投资是极其夸张的，像买六合彩。

其实，雷军不是特别关心盈利模式。他就是关心你能否做得足够大。雷军经常问创业者在不可能的情况下能否盈利？譬如太阳从西边出来，你能不能做到十亿美元的规模？他认为，优秀的创业者并非是在一个一定能赚到钱的模式中成功，而是把平常的模式做到别人做不到的程度。

雷军现在既是创业者又是投资人，他认为在这两者之间是没有矛盾和差别的。作为一个成功的企业家，他不差钱，投资一两百万元没压力；此外，业余时间也可以帮帮朋友，平时喝茶的时候指点指点，给人介绍点关系对他也是很容易的事。

雷军热衷于为创业者提供人脉的帮助，因为他相信人脉是“看不见”的间接资金帮助。此外，当所投公司创始人内部矛盾时，他只有一个原则，即只支持老大。雷军说：“只要老大不犯原则性错误，不违法，不偷税漏税，不卷钱跑了，我就旗帜鲜明地支持老大。如果老大要干掉老二，那就干掉，好合好散，我是绝对不会搅进去，不添乱。”“因为我一直觉得投资人不要去做‘好为人师’的导师，而是要学会放弃股权的控制和心态上的控制。”

创业者往往都是强人，他们有很强的应对能力和对实际问题的处理能力，在这些方面的能力常常不在风投之下。优秀和杰出而造成的孤独，使优秀的创业者面临比别人多的困难，却缺少同行者，甚至缺少倾听者。

对此，雷军亲身经历过：“创业者困难时往往无处倾诉，首先员工肯定不是合适的倾诉对象，其次家人也难以理解创业者在工作中遇到的困难。这时，投资人就是一个较为合适的倾诉对象，他们相互懂得对方。”

雷军崇拜乔布斯。他说乔爷是神，是自己无法企及的高度。“比尔·盖茨也只能称为乔布斯第二。”他甚至打扮也越来越像乔布斯，一样的黑体恤、牛仔裤。有人说，雷军在模仿乔布斯。在小米手机发布会上，雷军也不断拿苹果手机的参数和小米手机做比较。这等于向外界宣示，小米的竞争对手，可以是苹果。

雷军更像乔布斯之处，则在于其颠覆精神。

苹果从一出生起就代表着乔布斯“改变世界”的梦想。产品设计先行，一经推出就引领潮流。卖的是先锋、时尚、叛逆的概念和生活方式。而雷军的小米手机如同名字一样低调、朴实。负责工业设计的刘德说，小米手机眼下“绝不是章子怡，而只是一个普通人。紧要的是让大多数人不反感，肯接受；而不是有多炫，有多酷”。

“这是因为中国社会是混阶层，还没有形成中产阶级，并不具备像苹果那样卖中产阶级的基础。”这是雷军们的共识，也是小米手机 1999 元价格和力求功能取胜的缘由。他们希望上至银行家，下至大学生都能用得起，喜欢用。

而乔布斯推出的产品，有很多成功的案例，也有失败的典型。这个天马行空的人，总是沉浸在自己的世界里，苹果的产品也以封闭的系统闻名。缺点不少，但胜在优点够突出、够颠覆。乔布斯常常下一个命令，就开始让专业人员照着设想去做，并不在意未来用户会怎么想。

雷军说：“这个时候，投资人哪怕作为一个好的倾听者，或是情绪的安慰者，都能给创业者带来很好的疏导作用。”在他的眼中，投资者要做的事情往往就是在创业者初期投入一两百万元的资金，而剩下的应该是“知心大姐”的工作，在成功的时候一起举杯相庆，失败的时候听听创业者的酸甜苦辣。“哥们，你先去度个假吧，回来了咱们重新再来。”多次创业的他深谙一个真理，即创业并不容易，尤其是连续创业者都难免输一场，在此后才会找到感觉。

创业最大的错误在于不敢犯错。

绝大部分的创业者，百分之八九十以上都会输，他们一定会输一场，只有在第二场才可能找到感觉。因为他在第一场会觉得，我有足够的资源，我是战神。结果死得一塌糊涂才找到自我，很少有人一上来就抓住机会成功。

所以，雷军认为创业者不要惧怕失败，并且宽容创业者的失败。

是的，只有那些突破常规思维的人，才能另辟蹊径；也只有那些不怕失败，敢于尝试的人，才会真有所创新；也只有那些不走寻常路的人，才会发现和创造真正的奇迹。

要做事情，首先得有本事

有人说，假如把世界上的财富平均一下，若干年后，人们会发现，原来的富人还会是富人，穷人则还会是穷人。

成功与失败也是如此，有些人的成功只是暂时的，有些人的失败也只是暂时的。要想成功，首先要让自己有配得起成功的本事。

18 岁的雷军进入武汉大学，从大学一年级开始，雷军就希望自己能做一个与众不同的人。为了实现这个目标，雷军第一件事是从学习开始。为了不落后于人，他戒掉了午睡的习惯，把时间分割成以半小时为单位，为自己制定好每半小时的学习计划。当时雷军定的目标是希望两年能上完大学，所以大一开始雷军的课程量是同学的两倍之多，雷军是在那个年代武汉大学两年修完所有课程的人，而且在那两年里面，雷军应该席卷了武汉大学所有奖学金。

扎实的基本功，让雷军年少成名。他 1992 年加入金山；1994 年，出任北京金山总经理；1998 年，出任重组后的金山总经理，成为国内最年轻的 CEO 之一。

能够从程序员成长为总经理，固然有金山这样的平台、求伯君这样的榜样，但更重要的是，雷军的能力让他有足够的自信。在大学里，雷军已经是一个程序高手，有例为证：雷军大一写的 PASCAL 程序，等他上大二时，这些作业都已经被编进大一教材里了。但那时侯，雷军的梦想是“一定要写出能进入世界每一台电脑的程序”。

在大学创业失败后，雷军对此的结论是：“我觉得我自己对营销，对经营管理都没有太大的兴趣，希望做一个知名的程序员来立足。”

人对自己的潜能最容易忽视，一个忽视了自己潜能的人，对自己未来的规划往往不是很准确。雷军在刚入金山的时候，自然也错误估计了自己的潜能。但形势的变化，让雷军不得不重新考虑自己未来的发展方向了。

“我在加入金山的那一刻就认为我一定会成为第二个求伯

君。”就是带着这样的想法，雷军加入了金山。希望在金山这个曾经成就过求伯君的舞台上，自己有一番作为。雷军是一个说了就做的人。为了这个梦想，他和他的伙伴开始编写“盘古”。雷军和他的伙伴埋头写了三年“盘古”程序，一千多个日子苦熬下来，殚精竭虑，盼来的却是迎头一盆冷水。金山力推的WPS系统一遇到微软的阻击，稀里哗啦就败下阵来。雷军把“盘古”的失败形容为“金山遇到了灭顶之灾”。而他走技术发展，做第二个求伯君的梦想也随之破灭了。

雷军总结了“盘古”失败的最重要的一个原因就是，只想技术立足，忽视营销。犯了“酒香不怕巷子深”的错误。雷军深信，学会两条腿走路，是金山重新崛起必走之路。金山在营销上的短板凸显了出来。当时的金山，除求伯君外，雷军的职位最高：“金山在危难关头，我不能从自己的喜好考虑，这个时候，我不做营销谁做？”

雷军分析了当时的心理：“金山当时聚集着一大批程序高手，没人愿意干营销。要知道，做一个研发高手，自我感觉是非常良好的，转做营销，人生地不熟不说，还要从头做很多工作，这个转变首先是个心理的挑战。首先，做研发做得很好，是件很舒服的事，为什么要做营销呢；第二，做营销，你是新手，工资也会少很多。”

一个人如果只想找一个好工作，自然要从自己的长处着眼，找一个能充分发挥自己长处的工作。而一个人如果想要做一番事业，尤其是要创业，却要从自己的短处入手。唯有如此，才能补上自己的短板。

当然，针对自己的短处下手，是很痛苦的，尤其像雷军这样一个以做程序见长的人，现在却要走出书斋，去市场上做那些“没有技术含量”的工作，确实不容易。但要想让自己走得更远，要想让金山走得更远，这是不二的选择。

从1996年底，雷军放下程序高手的架子，学做商人，开始恶补营销。

他积极结识媒体：“差不多每家媒体都拜访过，认识一二百记者没问题”。

他虚心请教前辈。“跟天汇总经理沈红交往，使我看到了一个公司应该怎样做市场。”

站店面，雷军和其他员工一样从早上9点到下午5、6点。“我记得，有一个产品，我跟一个客户讲了半个小时，还是没卖出去。而一个有经验的销售，几句话就卖出去了。我当时真的不服气，干脆不卖了，看这个人到底跟客户讲什么。”

雷军亲自站了6个月柜台，“这段经历使我受益终生。”

就是这样，雷军他们总结出了一套自己的销售方法，比如，怎样拿资料给客户看；给客户讲解产品的时候，不能只跟一个客户讲，一定要跟十个客户讲；在讲时要搞清楚，怎样能用一句话打动客户，也就是怎么能用最简单的话把产品说清楚。

“应该讲，当时的积累，不仅使我们知道怎么卖产品，对今天写广告方案，抓产品卖点等都有相当大的帮助。比如，产品包装怎么设计，如果你常站店面，你就会注意，在那么多产品中怎么才能让自己的产品一下就被别人看到。所以，金山的产品都是用黑体，不能用线体。”现在雷军的小米公司，正是在营销上的过人之处，让小米似乎在一夜之间，红遍大江南北。

市场不相信态度，不相信眼泪，也不相信资历，而只相信本事。在市场上，有大把大把的钱在那里，而能否拿来，就要看你自己有没有本事。没有本事而参与竞争，只能让自己遍体鳞伤。

雷军对此的认识是：“人要一个一个台阶得上，缺的课一定要补上。做一行要爱一行，要把企业的需要变成自己的爱好，做什么都要做成一个专家。”

市场经济是强者通吃的世界，只有做到最好才有机会，否则，可能连喝汤的机会都没有。

雷军崇拜乔布斯，不光是乔布斯，一切专家和前辈，雷军都虚心向他们请教。在做小米之前，雷军更是精心准备：“当我决定做手机的时候，我见了100个人，才找到（周）光平博士（小米联合创始人之一），我们俩一见如故，虽然第一面只谈了两个小时。开始，我找软件公司圈子里的，这个行业大家都熟悉我，很快找得到，但是硬件公司的人一个也找不来。那时候我跟林斌（小米联合创始人之一）每天见很多人，我跟每一个人介绍我是谁谁谁，我做了什么事情，我想找什么人，能不能给我一个机会见面谈谈。”

有业内人士曾这样评价雷军：“雷军很好学，小米手机就是在学习最好的榜样，并希望在参数上胜出。他能从他身边的任何人身上迅速学到东西。”

性格决定命运。可见，命运掌握在性格手中，而不是掌握在上帝那里。

自己是自己性格的决定者。可见，命运还是掌握在自己手中。要做事情，要想成功，得先有做事情的本事。

方向不对，难成大器

从前有一个人，要从魏国到楚国去。他带上很多的盘缠，雇了上好的车，驾上骏马，请了驾车技术精湛的车夫，就上路了。楚国在魏国的南面，可这个人不问青红皂白让驾车人赶着马车一直向北走去。

路上有人问他要往哪儿去，他说："去楚国！"路人告诉他说："到楚国去应往南方走，你这是在往北走，方向不对。"那人满不在乎地说："没关系，我的马快着呢！"路人说："方向错了，你的马再快，也到不了楚国呀！"那人依然毫不醒悟地说："不打紧，我带的路费多着呢！"路人极力劝阻他说："虽说你路费多，可是你走的不是那个方向，你路费多也只能白花呀！"那个一心只想着要到楚国去的人有些不耐烦地说："这有什么难的，我的车夫赶车的本领高着呢！"

仗着自己的马快、钱多、车夫好等优越条件，朝着相反方向一意孤行。那么，他条件越好，他就只会离要去的地方越远，因为他的大方向错了。

创业也是如此。创业首要的条件是选好方向。否则，越努力，离自己想要到达的目标反而越远。

关于创业的方向，雷军有他独到的见解，就是"大方向很好，小方向被验证，团队出色，投资回报率高"。雷军说："关于大方向，主要是看这个方向未来五到十年是否长期看好。每个投资人都有自己独到的见解，目前我最看好的方向是移动互联网和电子商务，当然，我也还愿意学习研究一些新的方向。关于投资回报的问题，早期风险投资成功项目回报的目标是十倍的收益，天使投资比早期风险投资进入要早，风险更高，所以，天使投资要求的回报会更高。这样，投资的关键问题主要在于具体方向和团队。”

在雷军看来，团队和方向两者相辅相成，缺一不可。也就是说，如果创业者能力不足，再好的方向和机遇也很难把握；如果创业者能力非常出色，但做得方向不对，难成大器。

在这点上，雷军有心痛的经历。

雷军在金山担任总裁的时候，马化腾和丁磊还是“我们手下的站长。一个在深圳，一个在广州”。他工作六七年的时候，请过一个湖北老乡吃饭。这是小老乡周鸿祎来北京吃的第二顿饭。

转眼间，马化腾的腾讯公司成为中国市值最高的互联网公司，丁磊的网易也有声有色。周鸿祎的360虽然刚上市，但是他早已当了董事长。

这让雷军不服气了。

刚开始领先的，不一定是最先到达终点的。在金山的那些年，雷军不可谓不努力，他的团队也不可谓不优秀，但终究还是做什么都感觉到无力，至于原因，雷军最终确定是自己没有选对方向。

雷军在走过一段弯路之后，发现创业一定要选择自己能做的最大的市场。只有大市场才能造就大企业，小池子养不了大鱼。方向略有偏差，就会浪费宝贵的创业资源。

“尤其在目前的市场环境下，风险投资家对于项目的审查标准也会变得更为严格，如果方向不对，就很难打动投资商，如果方向正确，才会很容易拿到投资。”

UC 浏览器，雷军认为是一个发展方向对的公司，所以，雷军义无反顾对其进行了投资。而决定投资 UC 浏览器的时候，这个公司其实已经弹尽粮绝。

UC 浏览器的两个联合创始人何小鹏和梁捷都是技术出身。他们为自己确定的产品方向是手机网络浏览器。不过，他们天才的设想却始终不能让公司走出资金紧张的窘境。最困难的时候，因为付不起房租，两人不得不在晚上扛着服务器，从一个办公室转战到另一个办公室。

网易创始人丁磊在得知何小鹏和梁捷的困境后，曾以个人的名义借给了他们 80 万元，这笔钱让 UC 浏览器支撑了两年。然而，移动运营商在无线业务领域的强势和 SP 空间狭小，让丁磊最终决心退出无线业务。红杉资本也自掏腰包为何小鹏和梁捷买了机票，请他们到北京陈述，不过投资还是没有谈成。

雷军的好朋友、时任联想投资机构副总裁的俞永福，把这个项目介绍给了雷军，而雷军在了解了 UC 浏览器的情况后，又拉着俞永福出任公司 CEO。并跟俞永福说："UC 浏览器有机会做成下一个谷歌，人生能有几次这样的机会？"雷军自己也相信，未来 10 年的热点最终将围绕手机产生，"在移动互联网上，这个领域最终可能产生全球伟大的公司、市值超过 10 亿美元的企业，其他行业机会已经很小了。"

雷军投资 UC 浏览器后，对 UC 浏览器的经营方向作了大刀阔斧的调整，砍掉了一度支持 UC 浏览器生存的企业服务业务。

"在我投资之前，UC 浏览器的全部十几个技术人员中，只有两个人还在开发浏览器，其他人都在给中国移动做软件项目。"由于还无法通过个人用户盈利，为中国移动开发邮件办公系统是公司当时一项非常重要的业务。

然而，雷军却认为，如果要成为“伟大的企业”，必须将所有精力都投入到个人用户产品的开发上，“在中国，做企业服务的规模太小，我不想公司成为小老树（缺乏活力和前途）。”在雷军的劝说下，公司最终把赚钱的企业软件开发项目以1000多万元出售，扩招人员全力投入到手机上网浏览器的开发当中。

在雷军看来，UC浏览器当初的主要困难是方向不对。雷军说：“在我刚投资的时候，他们在做中国移动的项目，其实压力挺大，一个小公司花了巨大的代价，终于拿了中国移动10个省的订单，这是一个天大的事情，尤其是对一般的创业者来说。最后我说别做中国移动的项目了，我可以把这个钱一次性投给你，因为那个单子是有成本的，我说我把直接利润投给你，你就专业做UC浏览器。很多创业者认为做中国移动单子更大，更挣钱，实际上不是。”

如果UC浏览器的创业者在2007年坚持做中国移动的项目，他们可能今天就是中国移动众多的合作伙伴之一，但是他们放弃了这个案子，全力以赴做UC浏览器，于是产生了一家今天最具创新精神、发展速度非常快的手机浏览器公司。所以，有时候在一念之间你选择了哪一个点，是往左走，还是往右走，直接决定了企业的未来。

方向的调整，让UC浏览器获得了巨大的收益。在雷军投资一年多后，UC浏览器用户增长了25倍。2007年中期时，在雷军的牵线下，国内知名风险投资机构晨兴和联创策源向UC浏览器进行了第二轮投资，投资总额超过1000万美元。公司的估值在半年的时间内增长了10倍。

2011 年，在徐小平的真格基金成立发布会上，雷军应邀演讲。面对众多的台下观众，雷军坦诚分享自己几十年的经验："过去金山的事，鲜有我没有掺和的，二十二岁的金山（创立二十二年）没有大成，有我一份不可推卸的责任……一日梦醒才明白：要想大成，光靠勤奋和努力是远远不够的。"

看五年、想三年、认认真真做好一两年

创业的时候，一时冲动的决定，换来的往往是最后草率的放弃。

充当金山"隐形人"的几年时间里，雷军投资的手笔不在少数，UC 浏览器、语音 IM、拉卡拉、支付终端、杀毒客户端、网页游戏、网络游戏、3G 社区、凡客诚品……这段时间，雷军思考更多的是未来的投资方向。正如他所说："看五年，想三年，认认真真做好一两年。"

对此，雷军的解释是："看五年，去美国；想三年，去中国台湾；认认真真干好一两年，看看大家都是怎么干的就行了。接下来，我就开始想，五年后什么东西会发生，谁会是五年后的百度、五年后的腾讯、五年后的阿里巴巴？在 2005 年我开始思考，五年后的中国市场，决定性的力量是什么？我觉得做事不要苦干，要善于冥想，想五年后是什么。"

看五年，就是眼界要开阔，不要鼠目寸光。

想三年，要尊重市场和竞争对手，看看身边的人都在做什么，自己想做的事情都有谁在做。

认认真真做好一两年，要脚踏实地做事，要让想法落地。

在金山时，雷军编写的“盘古”遇到了前所未有的失败。那时侯，金山很多人都不想再做开发了，就离开了金山。雷军也有整整半年的时间都在休假。

与其说是休假，不如说是雷军在做选择。半年时间，雷军每天泡在 BBS 上，从早晨 7 点起床打开电脑，到下半夜 2 点钟，最多的一天可以写上 200 多封信。这时的雷军很苦恼，他甚至曾想过离开 IT 业，去开个小酒吧。

就这样熬了 6 个月，思考了 6 个月，雷军得出了这样的结论：一是在中国做软件一定有希望，软件行业在未来 10 年内将有 20 到 30 倍的发展潜力；二是软件行业真正做起来，一定要借用外国的先进模式，而当时雷军的预测是，在未来 2 到 3 年内，风险投资会像洪水一样涌来；三是金山要做价格改革，想办法让大家买正版，以价格的合理化带动整个产业价位的变化；四是金山的品牌价值不可否认，所以需要擦亮金山的品牌。

带着这四个结论，雷军重回金山。这四个结论虽然还不是很成熟，但也可以看出，经过半年休整之后的雷军，已经变得成熟和稳健。

一转眼，16 年金山，3 年天使投资人，时至今日，雷军依然是金山的大股东，只是面对已经蒸发 60% 的股价，心里应很痛。就在金山市值缩水的同时，雷军在其所投资的多家企业中所占股份和市值理应不亚于金山。

更重要的是，在这期间，雷军一刻都没有放弃思考。

只有认真的思考之后，才会有正确的选择。对创业者来讲，选择很关键。而选择的一个重要环节，就是要把握好节奏。领先半步是英雄，领先十步是先烈。当然，如果落后别人半步，那就只有给别人擦屁股的份了。要想让自己正好踩在步点上，就要有足够的前瞻性。

可以说，雷军早在2007年，甚至更早的时候，就开始考虑五年之后的事情。他经过仔细的考察、认真地思索，然后发现，中国未来投资的最佳方向就是“移动互联网”。因为那个时候，他发现已经有不少学生、农民工、保安用手机上网，尽管那时手机上网就好像二十几年前用电脑上互联网那般不好使，但他相信，随着手机用户的大规模增长，移动互联网一定能成为未来的趋势。

于是，他便将“橄榄枝”抛向了UC浏览器，它来源于You Can Web的缩写，意思是：“你能够随时随地访问互联网”。之后的2008年，在UC浏览器产品逐渐成熟之际，雷军成为了那里的董事长，并提出硬性指标，“未来一年，日浏览PV（页面刷新次数）超过10亿页，日活跃用户超越1000万。”

而在对UC浏览器进行投资之前，雷军实际上是通过对乐讯社区（移动互联社区）的投资过程中，深入了解了移动互联网，甚至为了弄清楚移动互联网的各个环节，雷军有十多部手机：诺基亚E71；iPhone 3GS、Nexus One、HTC G2、魅族M8……在他看来，干移动互联网这一行，最少需要了解三种操作系统，安卓（谷歌开发的手机操作系统）；iPhone OS（苹果公司开发的手机操作系统）和塞班系统（诺基亚开发的手机操作系统）。

他相信，移动互联网的规模将是互联网的10倍以上。也正是凭借着这种执着，在6个月的时间内，雷军帮助UC浏览器从一个融不到钱的公司，转变为获得1000万美元投资的公司。

谈起投资移动互联网，雷军说：“一开始我说移动互联网是未来的时候，没有人信。后来我终于发现有一个人跟我讲的一样：孙正义（日本软银集团董事长兼总裁，前亚洲首富）。他认为未来十年是移动互联网的十年，移动互联网的规模会十倍于今天的互联网，这是我五年前的思考，我就决定了什么是正确的事情、什么是正确的时间点。我认为五年前差不多了，要开始酝酿了。有一次跑去一家公司，问能不能投200万元人民币？他接受了，我说换多少股份？他说16%。”

其实，不光是投资移动互联网，在其他领域，雷军的投资也尽显其前瞻性。

“那么，从现在开始，五年后什么企业会成功？未来五年会有什么样的历史性机遇？我们现在必须去想一想这些问题，才有机会。”

正是按照这种思路，雷军投资了凡客。当时，雷军认定电子商务是未来。因为他看的是消费升级。他认为做服装毛利绝对不比做软件少，一件生产成本100元钱的东西在商场卖1500元。他又看到了优衣库在日本的成功，100元的衣服卖150元、200元，靠这一招，它击败了日本其他中低档服装对手。雷军想，有没有可能通过电子商务的手段实现这一切？2007年底，他找了卓越网以前的同事一起创办了凡客诚品。

过去传统的服装企业，年销售超过10亿元需要十年努力，过100亿元需要再用十年，而凡客轻轻松松三年时间不到就已经超过了10亿元。这是雷军赌的第二个机会。

雷军所“钦点”的公司，也都赶在了点上，并且他投资的这些公司成长起来后，就完成了他在移动互联领域完美的布局，无论是孙陶然的拉卡拉，还是陈年的凡客诚品，再或是李学凌的多玩游戏……雷军作为天使投资人，为他们融得的资金大概都在上千万美元以上，从行业细分领域上眺望，这些公司俨然已经成为了行业里数一数二的“大亨”。

始终面向未来，在当下开始布局每一颗至关重要的棋子，这是雷军真实的想法。而这个布局的最终结果，就是催生了现在的小米公司。

“我希望创业者能够真正冷静下来想一想，未来五年，大的机会是什么？想清楚了，轻装上阵，然后聚焦，立下建立一家伟大公司的目标，在经历坎坷的时候，能够不放弃，坚持走下去。”

“磨刀不误砍柴工”，创业有风险，行动要谨慎。对于每一个创业者而言，创业之前的深思熟虑是必不可少的。

创业，就要不断挑战自己的极限

创业是一种极限运动。

创业，是从残酷的竞争中胜出，是你死我活，只有发挥出个人最大的极限，才有可能成功。

雷军说：“创业的魅力就在于不断挑战自己的极限，挑战别人无法企及的高山。怕死就不会创业，我支持米聊（小米公司开发的手机通讯软件）！他们才刚刚上路，米聊产品还有不少需要完善的地方，但他们已经拥有迎接暴风雨的决心和勇气。”

任何极限运动，都会吸引一大批优秀的人参加，创业也是。

雷军自己创办的卓越网2004年出售给亚马逊，雷军参与创办的金山软件2007年10月9日上市了，卸任金山CEO之后雷军做了一系列的投资，这个也超出他自己的预期，雷军应该说什么都有了。

对于一个平常的人来讲，确实如此，但对于一个已经习惯于接受挑战的人来讲，事情却并非如此简单。作为一个战士，他的起点和终点都在战场。当离开了属于自己的战场之后，雷军找不到自己的位置了。

那是一段雷军不愿意详细回忆的时光。对于离开金山之后的一段时间，他只愿意说个大概："IPO 之后，很落寞，迷失了，每天早上起床不知道要干嘛。"在黎万强的记忆里，金山共事 7 年，他从未见过雷军这个样子。

"那是他的调整期。他开始刻意不要司机，每天背个包去徒步。2008 年，金山还在柏彦大厦办公，有一次他回来，也不多待，就带我去楼下的胖胖烧烤吃饭。他很不适应这种状态，说：'我怎么成了退休老干部了?'"

对互联网行业来说，40 岁已经老了，应该要退休了。但雷军不这样想："柳传志是 40 岁创业的，任正非是 43 岁，我觉得我 40 岁重新开始也没有什么了不起的。"

更何况，雷军一直有一个心结，他虽然已经取得了一定成绩，成功投资了一些公司，但他还没有创立一个世界级的公司，而那才是他最终的梦想。

一直把乔布斯作为偶像的雷军，也有着用实业改变世界的梦想。尽管雷军早已成为雷军，但他尚未成为他最想成为的那个人。

知名天使投资人徐小平曾表示："雷军是用企业家的心态去做天使投资，投资之后总想参与，最后不满足投资者的角色，还是成立了小米科技亲自创业。而我是用梦想家的心态去投资，更希望和创业者一起做梦，投完我就不插手。"

徐小平分析得很准，雷军并不是一个典型的天使投资人；他无法放弃一颗企业家的心，他的投资和创业都是为了追逐自己的梦想：像自己的偶像乔布斯那样，打造世界一流的公司。

现在，他有一个机会，那就是创立“小米”，如果成了，将是中国第三家百亿美元级别的公司。

“我们认为智能手机现在过于复杂，大家反过来发现，智能手机的功能不如以前的普通电话好用，我们很多人都是一手拿一个普通手机，一手拿一个 iPhone。”雷军如此评价苹果公司得意的产品，“为什么不用 iPhone 呢？iPhone 打电话不方便，为什么呢？主要是新一代的智能手机过于复杂，我做小米的时候最大的痛苦就是，因为我是 iPhone 的粉丝，所以我就告诉他们，我们一定要做一款能打电话的电话，所以我们致力于把以前普通手机非常出色的怎么打电话，怎么发短信，怎么做通讯录这一点做得非常好。”

事实上，无论是做 MIUI 的手机操作系统还是手机终端以及米聊，雷军都是基于对移动互联网的长远考虑。

他介绍：“我们要做一家移动互联网公司，手机只是我们业务的一部分，我们更重要的是做移动互联网。”

雷军进一步解释称：“我是 2006 年在国内不多的极其看好移动互联网的人，也是整个移动互联网行业的推手，2007 年我投了乐讯和 UC 浏览器。我认为移动互联网就是未来，比 PC（个人计算机）互联网规模会大十倍，我相信今天大家已经看到这个趋势了。”

雷军看到一个百亿美元的成功机会，他不会放过。那不仅是他成就梦想的机会，也是他治愈心结的药。

创业，不是说说那样简单，也不是单纯想想就可以实现的事情。创业没有试试看，要么100%，要么就是0。雷军创建小米，是自己对自己的挑战，所以，从一开始，雷军就投入了百分之二百的努力。

“小米是我不能输的一件事，我无数次想过怎么输，但要真是输了，我这辈子就踏实了。”

40岁男人再出发创业，不狠不行。

以他过去二十多年的工作经历、人脉资源为基础搭建的明星效应，能否带到市场，是不是每个人都买账，他心中自有一本账。

2011年，经过精心筹备之后，小米面世了。而雷军这个隐身幕后的江湖大哥，也终于走到了前台。

在小米手机的新闻发布会上，雷军刻意选择了乔布斯式的穿衣风格，牛仔裤和黑T恤，甚至连举动都在刻意模仿乔布斯。穿着小米手机T恤的米粉、甚至是小米科技的员工，都在肆无忌惮地喊着“雷布斯”。而当1999元的价格被报出时，现场气氛达到高潮。但刚开始，小米手机并没有帮助雷军成为“雷布斯”，反而是各种层出不穷的负面新闻让雷军焦头烂额。

发布后仅仅数日，小米手机的预定数量就超过了30万部。这也让雷军以及他旗下的小米手机达到了巅峰。可随后就从小米手机的上游厂商传出消息，雷军只订购了一万枚芯片，真不知道这个30万的销售数字是从何而来？

小米手机被曝存在严重的掉漆及后盖变形等质量问题，重启、漏光、电池没专门座充等一系列问题，许多网友质疑小米手机一切皆为炒作噱头，实难摆脱山寨机的阴影。

没有被注意到的售后环节的问题也逐渐浮出水面。由于小米手机全部采用网络发售，并没有实体店，这也让买到小米手机的消费者遇到问题时很难找到解决的方法。

对于雷军来说，内忧还没有解决，外患又找上门来。

就在小米手机发布以后，华为立即抛出几乎相同价位、同等配置手机，而国内外各大手机厂商也纷纷开始对此发力。除了这些意料之外的挑战之外，雷军发现自己"以互联网思想造手机"的观念，给自己带来了更多的麻烦。自从谷歌开始造手机之后，手机似乎已经成为了互联网企业转型的重要阵地。2011 年底，Facebook 和百度也相继推出自己的手机。在这些互联网大佬的沙盘上，通过手机锁定用户是从互联网过渡到移动互联网最锐利的武器。

最终，小米有惊无险地经过了初期的坎坷，但相比未来的路而言，小米的路还很长，也还有更多的困难会去挑战雷军的极限。雷军创业的路，才刚刚开始。

2 投入，才会找到想要的感觉

做一些激动人心的事情

看雷军的简历，是一件比较“雷人”的事情。

在中关村，谦逊有礼的雷军是公认的创新者，也是手机行业的颠覆者。他是企业家，金山快译、画王、毒霸、游戏都与他密切相关，金山 WPS 更是民族软件的脊梁；他是天使投资人，UC 浏览器、YY 语音、凡客诚品，这些公司的成功无不验证着雷军的眼光；他又是创业者，卓越网卖掉了，然后创办小米科技。而今的小米，也正按照雷军的规划，迅速迈向中国第四大互联网公司的康庄大道。

是什么让雷军如同打了鸡血一样，在互联网行业高歌猛进？

雷军说："当我想到做小米的 idea（想法）时，非常兴奋。因为我从来没有做过手机硬件，如何能把这个事情真的做成呢？我首先意识到的就是，这不可能是一个人能完成的任务，所以，我认为我发挥的最大价值，就是找到能做这个的人，并且把他们组织在一起，无论是投资者还是 CEO，还是创业者，这三份工作对我来说都是完全一样的。每一个角色都让我寻找一些非常优秀的人，做一些激动人心的事情。"

"做一些激动人心的事。"看似轻描淡写，但真正做起来并不容易。来到小米，可以看出这是一家充满奇迹的公司。在过道的墙壁上有一副红底白字的招贴，上面的字引人注目："小米 2013 年上半年销售 703 万台手机，营收 132.7 亿元人民币。"这个数据是那么鼓舞人心，而创造这些数字的，就是面前的雷军和他的小米团队。

他们的确在做激动自己并激动别人的一些事。当"小米"的子品牌"红米"横空出世，他说要颠覆大众对"千元智能手机"的认识，突出体验和高性价比，"就是让大家震惊一下！"的确，不走寻常路的雷军此次选择在腾讯 QQ 空间首发 10 万台，预约量突破 745 万，所有"红米手机"也在 1 分 30 秒内全部售罄。

好像雷军一直具有点石成金的本事，其实，雷军也曾迷茫过。

2007 年 12 月的一个深夜，北航北门的柏彦大厦。金山软件的 CEO 雷军需要做一次告别，他也许想过，这是最后一次待在金山的办公室了。2007 年 12 月，在记者见面会上，雷军用深深地一鞠躬纪念自己任职的最后一天。在中层沟通会上，他连续鞠躬三次，才得以平复员工复杂而激动的情绪。雷军说："我终于把债还完了。”

试想，一个劳模般的 CEO，每天平均工作超过 16 个小时，这种工作习惯坚持了十多年，忽然他离开了，一下子成了退休老干部，离开了原来的舞台，生活变得万籁俱寂。

“那半年，没有一家媒体想要采访我；没有一个行业会议邀请我参加。我有的是时间，没人记得我。我似乎被整个世界遗忘了，冷酷而现实。人情冷暖忽然间也明澈如镜。那个阶段，我变得一无所有，除了钱。”雷军说。

离开金山后，雷军思考了大半年，对媒体屡次提到“五点反思”：人欲即天理、顺势而为、广结善缘、少即是多和颠覆创新。

半年的沉寂之后，是时候做点事了。其实，雷军从小就是一个不甘寂寞的人。

在大学的时候，雷军在大学的图书馆看到了一本叫《硅谷之火》的书，这是一本讲述乔布斯等人在硅谷发起技术革命的书。至今，提到这本书，雷军似乎依然热血沸腾。

雷军 1992 年进入金山公司，6 年后出任首席执行官。直到 2007 年离开。

雷军离开金山，是因为这时的雷军已经对自己和自己所从事的事有所怀疑。“其实在金山后期我就觉得不对了，当你坚信自己很强大的时候，像坦克车一样，逢山开路，过河架桥，披荆斩棘。但是当你杀下来以后，遍体鳞伤，累得要死，你在想，别人成功咋就那么容易？”雷军在反思。

雷是一个重义气的人。尽管没能成为传奇，金山还是上了市，虽然市值是国内某些互联网大公司的零头。

“离开金山对我是一次重创，心理上的创伤超过了大家的想象。我这个人很努力，很勤奋，带着一帮和我一样的人，打了这么多年江山，整成这个样子，我肯定不服气。要是我没努力也认了，但是我非常努力。二十多年，这么多的机会，一个都没捞着，我问自己为什么，问题肯定出在我身上了，那我的问题是什么呢？就是不服输。”雷军说。

这样性格的人不能忍受世界为何如此寂静，好像忘记了曾经有自己的存在。雷军显然不能容忍这样的事情发生在自己身上，他悄悄做了很多事情。

对于雷军，他需要摆脱过往。离开金山前不到一个月，雷军以 CEO 的身份录制了一期《波士堂》。在节目中，他分享了很多往事和对人生事业的看法。谈及未来，雷军说了一句意味深长的话：“等你们《波士堂》不再管我叫金山的老板，而是直接叫我雷军的时候，我再来告诉你们。”

雷军用行动证明了自己的诺言，作为天使投资人，雷军是成功的，而小米公司虽然刚刚起步，未来还有很远的路要走，但小米目前所取得的成就，已经足够激动人心了。

“我原来不成功，今天也不成功，我可以做得更好，但是没达到。在我看来，我是失败的。很多人都说我是成功者，但我感受不到。我是一个成就驱动型的人，这样的人，他能够忍受各种痛苦，然后前行。前天有人采访我说，问我是不是因为没有干成一个像马化腾那样的公司感到憋屈。我当时说是，但后来想了一下，其实不是，我就是想做一件伟大的事情。享受骄傲自豪的感觉。”雷军说。

雷军保持了早年的风格，几乎成了小米科技每天走得最晚的人。他不止一次说：“我挣钱的欲望没有把一个东西做成功的欲望高，要不然我不会写了 16 年的代码。”

做事，而不是赚钱，把事做成功，而且做得激动人心，这就是雷军。

把程序当艺术品，像写诗一样来写代码

雷军的工作，是从写代码开始。

最开始雷军的身份和求伯君一样，是当时汹涌的程序员大军中的一员。他所编撰的《深入 DOS 编程》（1993 年 1 月，北京大学出版社）、《深入 Windows 编程——Windows 加密及压缩软件编程技巧与方法》（1994 年 12 月，清华大学出版社）两本书，受到很多程序员的推崇，也成就了雷军早期的名声。

写代码，是 IT 行业最基础的工作，做好这个工作，对下一步顺利的应用至关重要，但写代码这项工作，目前已经鲜有公司能做得很好。雷军曾经这样说：“少有公司做 code view（对写好的程序做代码级检查），于是很多人在进度的压力下潦草应付，只要测试通过就算搞定。表面上看，开发速度很快，进度有保障；但实际上，这样的程序连开发者自己都很难读懂，一旦有 Bug，很难调试，将来维护升级都非常困难。这样的代码多半只能重写，浪费自然严重。”

把代码写好很难吗？

雷军说：“一个人只要有韧性和灵性，有机会接触并学习电脑的编程技术，就会成为一个不错的程序员。刚开始写程序，这时候学得多的人写得好，到了后来，大家都上了一个层次，谁写得好只取决于这个人是否细心、有韧性、有灵性。掌握多一点或

少一点，很快就能补上。成为一个高级程序员并不是件困难的事。”

如果每个人写程序的时候当艺术品来写，写每行都认认真真、干干净净的，虽然速度略微慢了一点，但代码的质量和品质却不可同日而语。

作为公认的写代码高手，虽然已经有12年未写程序，雷军还是被邀请参加CSDN（中国软件开发联盟）举办的SD2C大会（软件开发2.0技术大会）。在这次大会上，雷军在演讲中谈到两个重要的问题。

第一，技术人员除了在技术上深度挖掘以外，一定要把客户需求放在第一位。第二，只有真正喜欢才能写好程序，把程序当艺术品，像写诗一样来写代码。

雷军对此解释说：“就是因为小时候喜欢写诗，我真的像写诗一样地写程序，所以程序写得很好。”

雷军刚接触电脑就发现电脑的妙处，因为电脑远没有人那么复杂。雷军发现，如果程序写得好，就可以和电脑处好关系，就可以指挥电脑干自己想干的事。这个时候自己是十足的主宰。每每当他坐在电脑面前，他就像是在自己的王国里巡行，雷军觉得这简直就是天堂般的日子。电脑里的世界很大，编程人是活在自己想象的王国里。他可以想象到电脑里细微到每一个字节、每一个比特的东西。

雷军用两年的时间修完大学的全部课程后，剩下的两年更多的时间都在写程序，以至于每天不在电脑前坐8到10小时，他就觉得今天白过了。

雷军说：“写程序的活特别费脑子，也特别累，但我喜欢，可以肯定我会干上一辈子，虽然我没有打算一生只干这一件事。用一生来编程序是一件既容易又困难的事。如果碌碌无为，为交差写点程序，这样的日子太好混了。但如果想全身心地写程序，写十年就不是一件容易的事。现在我不少朋友都洗手了，有时我也想‘用什么电脑呀，Windows 外的世界不是也很大吗?’”

雷军一再强调写程序的人一定要喜欢这个工作，否则赶紧转行。其次，写程序一定要注重质量，写完和写好是完全不同的境界。

伟大与平庸，原本就没有不可逾越的沟壑；杰出与堕落，很多时候就是有态度决定的。

做和做好是两个层次，用心和不用心是两个境界，而生产出来的产品，也自然是不同品质。

雷军不仅仅是喜欢写程序这个工作，而且对工作的对象充满尊重，因此，他从不随随便便去敷衍任何一个写程序的工作，因此，他才能用心去写好每一个程序，也不断地从写程序的过程中获得乐趣。

其实，不光是写代码，所有的工作都是如此。把事情做好和把事情做对，是敷衍还是用心，给工作和自已带来的是完全不同的后果。

有些人遇到事情，总是急急忙忙、愁眉紧锁，而有的人不管多大的事情，总是气定神闲。每时每刻，做该做的事情，这是把事情做好，每时每刻，都放心不下自已的工作，这是要把事情做对。想把事情做对，往往会出错，因为过程当中有太多压力；而想把事情做好，往往能把事情做对，因为每个环节都已经做到了极致。

只有用心做好工作，也才能不断从完成的工作中得到乐趣。

雷军在加入金山多年以后还曾经在西点 BBS 上发文："不少人认为程序员最多干到 35 岁就可以收山换环境了，脑子也差不多该歇歇了，体力也不支了，并认为写程序是年轻人的事情，到了一定岁数，估计没什么人再当程序员了。"

兴趣和用心，不仅仅会带来完全不同的工作结果，也会推动人渡过重重艰难。

2002 年 8 月的一天，当雷军向求伯君提出"准备以 3 年时间和 3500 万人民币重写 WPS"时，求伯君沉默之后明确表示同意。

于是，金山最残酷的历史性转折发生了——将 WPS 代码全部推倒重写。

这意味着金山放弃了自己原有标准制定者身份，向微软标准屈服；这意味着金山将已经积累运行了 14 年的 WPS"自废武功"、从头重来。决心下的那一刻，并非是所有人都理解。在一开始，雷军也苦口婆心地劝慰那些开发了 10 年之久的 WPS 老程序开发人员们的伤心之情。终于，经过 100 多人在珠海历时 3 年的艰苦开发，数千万人民币的支持后，完成了这个具有"革命性"的 WPS Office 2005。

北京《财富论坛》上，雷军曾演示 WPS Office 2005 这个版本。有人问他，"为什么 Star Office 都阻击不了微软，而金山却能？"雷军告诉他说，这里面的原因是没人敢去重写软件的代码。

下决心去重写一个软件的全部代码也非常难，要保证 100 多个人干完 3 年，要重写 500 万行代码。能不能按时干完？能不能干好？另外同行都在变化，等我们做出来的时候能不能适应？这些都是难题，风险很大。

但这个工作对雷军来讲并非难题，因为对雷军来讲，他不容许一件有瑕疵的艺术品，他也不允许自己的产品有不完美之处。

人因梦想而伟大

雷军在金山上市后曾经拿着报纸对媒体表示："现在是 2007 年，到 2017 年的时候我敢肯定金山还在那里。如果梦想还在，金山肯定还在。"

在说出这番话时，雷军其实已经下定了离开金山的决心。但他没有预计到的是，仅仅不到 4 年的时间，他又回到金山。此时，曾经跟他并肩而战的战友已接踵离开。金山，曾经承载了雷军和很多人的梦想。

为了实现这个梦想，许多人在金山付出了一生最美好的青春。对于雷军那一代程序员来说，求伯君就是永远的偶像，这个人从中国软件的蛮荒之地开始一手一脚地打拼出一个天下，随后被强势入侵的微软抢走了市场，并且在汹涌而至的盗版狂潮中失去了暴富的机会，在互联网大潮中失去了再次转身的机会，但是他坚持做软件、做游戏、做应用、做工具，在这样的狼藉之地中艰苦奋斗了 23 年。

金山的这场梦想之旅有点悲壮。很显然，金山并没有让雷军实现他的梦想，但雷军的梦想之路并没有因此戛然而止。

雷军很喜欢马丁·路德·金的名言"I have a dream（我有一个梦想）"。

对雷军稍微有些了解的人，都知道雷军一直是乔布斯的粉丝，乔布斯对自身美学体系和商业体系的野心和坚持，在日后很显著地影响着雷军。因此，并不奇怪，和乔布斯的商业理念类似，雷军确信自己销售的不是手机，而是梦想。

当然，雷军并非刻意在模仿和跟风，从雷军投资网络服装电商凡客诚品以及他心心念念和小米粉丝保持的深度沟通的举动中，不难发觉雷军所坚持的那个理想的内涵是对“偶像”的拒绝和重塑。雷军是要创建一个受人尊敬的世界级公司，以此来向自己心目中的偶像致敬，也以此来实现自己的梦想。

“我坚信，人因梦想而伟大，只要我有这么一个梦想，实现一个梦想，我就此生无撼。”从金山 CEO 转型为天使投资人，再以创业者身份出现在公众的视野，雷军表示，自己内心始终如一，即“不能放弃理想，要开创新的事业。”

再次创业做小米科技，雷军认为，这是受梦想驱使。也正是这种激情加上创业团队的高度团结，才有了今天务实低调的小米科技。

雷军也曾经是苹果的铁杆粉丝，但他意识到，苹果设计体系的封闭对他而言是个机会，于是便以全新的模式积极投入智能手机的蓝海。他要以互联网的平等精神发起一场群众运动，在这场运动的源头，他显然对移动互联网的走向确信不疑。尽管他仍然是那个对细节吹毛求疵的雷军，但同时也是一个更懂得控制与放松平衡之道的雷军：“有时候，绝大部分人的成功都依赖大环境的成熟。如果不具备大环境、个人能力不强，一定要强扭着做大事情，极有可能摔跟头、成为空想家。我是 40 岁才明白顺势而为的道理，我想如果历史再来一遍，我可能还是会不明白，可能还是会想着要干些惊天动地的事情，做些逆天而为的事情。”

在雷军看来，让梦想悬空挂在那里，是人生不能容忍的遗憾，只有走在实现梦想的路上，才能让他充实，让他踏实，让他感觉到人生“伟大”的价值。

当他创办小米时，林斌（原谷歌中国工程研究院副院长）的太太问他：“你这个人什么都有了，怎么还想要创业？”

这个问题让雷军反思：自己还有没有勇气重新创业？还能不能6×12个小时不知疲倦地往前冲？雷军回想起了自己18岁时就有的理想：世界因我而不同。直到今天他还没有放弃这个理想，他还是要做一个与众不同的人。

梦想还在，希望就还在。梦想者就注定是与众不同的人，也是一个伟大的人也在做着一些伟大的事。

小米是一个梦想，梦想总会伴随着伟大的奇迹。从创办了小米，到拿了A轮融资加内部融资共4100万美元，公司估价2.5亿美元。这在中国甚至全世界，都是一个奇迹。4100万美元不算什么，但小米的创业团队和第一批员工共56个人，大家一起投了1100万美元。雷军投钱，大家应该不惊讶，但很多员工都投资了小米，而且是跟VC（风险投资）一样的价钱。

梦想，是一种力量。小米员工中有一个女孩，研究生毕业，负责行政，她回去跟她妈妈说，她把自己的嫁妆钱投给小米，从此就“嫁给小米”了。后来她真在小米投了不少钱。还有一个人，他把他们家的港股全部卖了，换成“米股”。

同事们一起投资的时候，雷军有很大压力。雷军自己掏钱创业，赔了是自己的事情，如果拉了这么多同事一起赔，梦想就有点沉重了。1100万美金不是小数字，是小米所有员工自己的血汗钱，这也说明了大家对小米的认可。

2011年8月16日，一直刻意低调的雷军以一种最高调的方式发布了小米手机，这也是小米手机迈出的最重要一步。虽然他强调自己依然低调，也没有请电视媒体报道，但小米手机却在网络媒体的报道中引起了轰动。在那个炎热的下午，大部分关注科技新闻的网民都知道了一款叫小米手机的新产品。

雷军之前的战略布局也开始发挥作用：小米手机承诺每周更新操作系统 MIUI；米聊成为小米手机的主打通讯产品；而雷军投资的凡客诚品承担了销售和物流的重任。一年来培养的 MIUI 用户如今成为小米手机的铁杆粉丝，小米手机的工程机很快被抢购一空。

如今小米手机已经成功实施了铁人三项战略，雷军得以进一步实施自己的整体规划。在他的推动下，金山软件请来了微软亚洲工程研究院院长张宏江担任 CEO，宣布向移动互联网全面转型。而雷军下一步考虑的就是将电子商务整合到智能手机之中，在他看来，未来手机会取代 PC，成为电子商务的主要载体，而这个市场会带来直接的利润。

雷军最大的梦想就是像乔布斯那样创立一家世界一流的公司，智能手机和移动互联网给他带来了圆梦的契机。10 亿美元的目标或许并不遥远。

雷军在斯坦福咖啡馆中谈到创业时问了这样一个问题：“假如太阳从西边出来，你能否做到 10 亿美元？”这个问题，既是在问大家，也是在问自己。

没有困难的成功并不是不可能，如果一条路上没有困难和阻碍，那么必然会因为这条道路走得人太多，太拥挤，反而没有了机会。梦想的路，从来坎坷，也因为其坎坷，也才会有卓绝的旖旎风光，而走在这条道路上的人，才会伟大。

时刻保持好奇心

“世界上并不缺少美，只是缺少发现美的眼睛!”

同样道理，世界并不是缺少成功的机会，而同样也是因为缺少发现机会的眼睛。

在 IT 领域尤其如此。雷军说：“计算机技术更新换代非常快，每年都有各种各样的新技术出现。在我过去的职业生涯中，仅编程语言，我就用过 BASIC、MASM、Pascal、C + +、VBA、Delphi、Java 等。需要时刻保持好奇心，不断学习各种新的东西，才能在未来的几十年职业生涯中不落伍。”

置身 IT 行业当中的人，如果对新事物没有充分的敏感度，对世界没有充分的好奇心，是无法发现每天正在发生的变化的。

人的精力有限，高手工作压力也比较大，如何在有限的时间内掌握整个行业动态，的确是一个不简单的事情。雷军的经验是经常看业内的各种技术杂志，参加各种聚会，可以节约很多时间。最重要的是，交几个博学的技术高手，多和他们交流，一定受益匪浅!

凭借对新鲜事物和数码产品的强烈兴趣，雷军对手机操作系统和硬件开发有着执着的追求。他喜欢把小米科技称为一家“铁人三项”公司，即硬件、软件、互联网服务。技术创新和商业模式创新则是两把“利剑”。

在小米的身上，处处可见由好奇而诞生的思路，由新思路而产生的新模式。

雷军最津津乐道的当属基于安卓系统进行二次开发的 MIUI

操作系统。小米最早使用互联网研发模式，每周在线更新系统程序。虽然每周要花费 2 天规划、2 天写代码、2 天做测试，难度系数很高，但他坚信这是一场“软件工程的革命”，为的就是提供更独特、更便捷的应用体验。“手机市场这么大，每个人都用手机，1% 的需求量都是大需求。”个性主题、百变锁屏、自由桌面，让每位用户可以随心所欲地更改自己喜欢的系统样式，让结构更加简洁明了；字号更改、群发短信自动添加称呼，重新设计信息和电话的布局，大大方便了不同用户的日常使用。

创新，是 IT 行业创业生命。在互联网行业，广告宣传已经成为一个巨大的瓶颈。广告投入在投入产出比上越来越小，但没有有效的广告宣传，就很难让一款新产品立足。广告形式的变化，是互联网创业的一个难题。

有困难是因为没办法，没办法是因为没有创新的思路。小米成功地在营销上实现了突破，而这次突破，小米充分利用了消费者的好奇心。

“认真做手机，拉着客户一起干，在网上卖，因为量不够，大家排队。”雷军用这样一句简单的话形容小米手机研发与商业模式。“粉丝经济”的创新改变了电商狂砸广告的固有模式。小米科技走的是网民最能接受的电子商务路线，不同的是，营销渠道移到了微博上，省下了广告费，也搭着我国微博用户数量急速攀升的便车，赚足了关注的目光。雷军坚定地说：“我们不在乎有人骂，只要有口碑，就会有不少人夸我们好。”

“高性价比”、“秒杀”，甚至“饥饿营销”、“期货手机”，雷军用自己的好奇心推动着小米科技不断前行的同时，雷军也充分利用和挑战消费者的好奇心，所以，小米科技成立两年来一直话题不断。

只要创新，就要接受批评和非议。面对这些肯定与非议，雷军很淡定，从外界的“看不起”、“看不懂”到“学不会”，恰恰证明了小米的异于常人之处。

小米的成功，也坚定了雷军用自己的好奇探索世界的步伐。

雷军赴美国参加了在硅谷举办的 GMIC 大会（全球移动互联网大会），巧合的是特斯拉的产品设计师 Elon Musk 也参与了这次大会。作为一家起步并不早的新公司，Tesla 的市值已经超过了 200 亿美元，尤其是它的股价从 30 美元/股飙升至 190 美元/股，这让雷军对其充满了兴趣。

怀着极大的好奇心，雷军拜访了 Elon Musk，并将交谈之后的感言分享在了小米官方博客中。雷军说：“在今年去了两次美国，7 月份就去了一次，10 月份是第二次。两次我都去拜会了 Elon Musk。和其他硅谷大佬们见面聊商业话题不同，我去见 Elon Musk 纯粹是为了兴趣：这哥们实在神奇得几乎‘反常识’。”

既然是反常识的东西，自然值得细细研究一番，因为真正的成功，就是把不可能的东西变成现实，就是要反常规、反常识。在飞机发明之前，让人在天上飞是不可能的，但飞机发明之后，人可以在天上飞就是现实。从可能到现实，存在的是困难，缺少的是方法，只要找到办法，就能把可能变成现实。

雷军对 Musk 的 Tesla 汽车很感兴趣。汽车工业是一个传统得不能再传统的行业，行业里拥有的是巨头得不能再巨头的大公司，为什么一家新公司能够从这个行业里崛起？当小米公司估值 40 亿美元的时候，Tesla 市值 30 亿美元。而 2013 年，Tesla 的市值已经超过了 200 亿美元。特斯拉的股价从 30 多美元/股，飙升至最高 190 美元/股。

雷军怀着极大的好奇心去拜访 Elon Musk，顺便试驾了Tesla，这是一辆电动车。电动车早就不新鲜，很多汽车公司都在研发电动汽车。但在雷军看来，Tesla 最重要的是，它应用了智能系统，整车智能性非常高。它内部全部是智能设备，用相当于两个大号的 iPad 大小的触摸屏来控制汽车，开车用的所有路径数据都实时反馈到云端，服务器能帮助你运行你的车，提示问题，全程实时监控，智能控制。尤其是那个大屏幕堆在那里，开启导航的时候特有科技感。

从智能程度看，Tesla 跟其他汽车的设计思维和功能服务实现水平对比，是移动互联网应用与单机本地运算的代差表现。

在雷军看来，Tesla 把互联网的参与感、口碑营销这一整套全部融合进去了。这让雷军觉得心有戚戚焉："他让你觉得你有一辆 Tesla 就是时尚，很酷。而且 Tesla 也是在互联网上预订，网上直销，排队，把所有中间渠道去掉，不靠广告，靠最早的用户使用后的良好体验进行口碑营销，反正他的目标客户相对圈子比较集中，这类对科技感有尝试热情的新贵们总是在他们自己的圈子里交流。有一个人买了 Tesla，这会成为一个圈子的时尚话题；当有很多人都买了 Tesla 时，这又成了圈子里的标准配置。所以在那个圈子里，以后汽车就只剩下了两种：一种是 Tesla，另一种是其他。而当种子核心用户圈内普及之后，它又能产生新的辐射势能，影响、吸引更多的用户。"这其实不就是小米的思路吗？

天才是这样一种人：别人看似已经走到了路的尽头，然后宣布已经无路可走，所以回头，而他则转了个弯，继续走了下去。巨大的成功有时简单得让平常人不屑去做，所以，只有不平常的人，才能取得最大成功。时刻保持好奇心，才会让人对新事物敏感，好奇心，让我们不至于落伍。

一个能够成功的人，总是对这个世界充满好奇的想象，总在想如何让这件事情变成可能，进而把可能变成现实，而那些失败者则在这个世界到处贴上“不可能”的标签。而在他们眼中所谓的可能，就是那些已经被别人的成功所证明了的，其实，那对于成功来讲，才是真正的不可能。

肯学，肯干，关键时刻不掉链子

早在金山的时候，雷军在招聘时有两点是非常在意的：一是肯学；二是肯干。雷军认为：“很多学生在大学中所学的一些知识在工作中不一定会用得到，这个时候最重要的就是你的学习能力。其次是在工作的过程中，肯定会提高自己的能力，这时我们工作的态度就非常关键，如果你愿意付出，愿意把自己的工作做好，你就会进一步提高能力，职业发展才会越来越顺利。”

工作的过程，是自我完善的过程，也是自我实现的过程。参加工作，是一个人正式踏入社会的标志。工作跟家庭和学习生活是不同的，工作更强调制度和法则，更注重行为的效果考评。工作更强调用一种生硬的外在的目的来促进人能力的发挥和素质的完善提高。

每个人都会经历职场的菜鸟季，而由一个菜鸟成长为职场老手，是需要不断完善自己的，这个过程可能还会很残酷。只有一个肯学的人，才能融入职场，才能适应社会。

肯学，肯干，并不是低下身段就可以做到的，很多时候，这意味着敢于对自己进行否定。

在软件业，金山曾被称为执行作战能力和行政组织能力都非常强的一家公司，但在很长一段时间里，金山陷入“前有微软，后有盗版”的围追堵截当中。雷军用他超前大胆的想法激励着金山员工。一方面，金山重整旗鼓，确定新的发展战略，准备迎接新的投资风暴的到来；另一方面，雷军在危难之时，又显出了少年英雄的本色，他向求伯君请战，放弃程序高手的架子，学做商人，到市场第一线去拼杀。

1998 年 8 月12 日，雷军出任联想注资后重组的金山公司总经理。消息公布那天，他的母校武汉大学一位关心他的教授来电话说：“雷军，你怎么放弃技术，去当总经理?”他的父亲也打来电话，要他千万不要耽误了技术，否则将来没有饭碗。但雷军还是大胆地否定了自己，几乎从零开始去学习。

一个人经验丰富，那是稳重。而一个人做到该用经验的时候用经验，该抛开经验的时候抛开经验，则会把稳重与创新结合在一起。能抛开自己原有的东西，到新领域当中去，由原先的师傅，到新领域的徒弟，很多人是经不住这种转变的。

雷军不仅做到了，而且做得很成功。一路走了下来，雷军发现管理是一门高深的学问。市场并不是谁都可以做好的，正如编程一样，需要长时间的修练和下苦功。逐渐的，雷军在管理上也逐渐成熟。现在，雷军感到他将来一定要“为中国的企业管理贡献些什么了”。

从编程到管理，这只是雷军在工作乃至职业发展方向上的第一次跨越，而作为 IT 界的前辈，雷军已经数次实现华丽转身。

从金山离开之后的三年，雷军看似远离互联网江湖，实际上却成为江湖传说中的“隐者”。雷军说，这样做的目的是对历史“归零”，以便重新开始。“归零”的三年半时间里，雷军又一次转身，成为中国最成功的天使投资人之一。

雷军的转身是一种放弃，是一种倒空，这个过程既是学习的过程，也是“自宫”的过程。完美的转身，不仅痛苦，而且需要智慧，需要一个从“见山是山”，到“见山不是山”，再到“见山是山”的过程。见山是山，见水是水，这是浮躁；见山不是山，见水不是水，这是倒空；见山还是山，见水还是水，这是真正的修成。

见山是山，见水是水，很多人觉得这就完成了对事物的认识，就已经知道了。正是因为这种认识上的洁癖，与事物躲得远远的，说白了，就是缺乏接受外在信息的勇气。用捂上眼睛的方式，在自我构筑的逻辑体系中，自我证明自己的正确，并欣然接受这种自我封闭、自以为是的完美。

一个人试图证明自己正确的时候，总会找出无数理由，证明自己确实是正确的。就像一个人既当掌握和解释规则的裁判，又当参与运动的队员，自己当然就不会犯规。这种人，永远处在看山是山的第一步。他们不会离开让自己自信的那个范畴和领域，永远不会真正到需要认识的事物当中去。永远戴着自己的眼镜，拿着自己的标尺来解读这个世界。

不能忘记自己和放弃自己的人，是无法真正投入的。一个无法真正投入到事物当中去的人，是无法真正了解对象的。一个无法真正了解对象的人，更是不会真正得出对对象的结论的。

所以，见山不是山，这是认识的重要环节，因为只有通过这个过程，人才能真正了解，而真正了解的关键，在于能否倒空，能否放弃。但这并不是认识的最终，这个环节只是认识，而认识不等于接受。

雷军从程序员成为管理者，再成为天使投资人，最后转作开发手机产品，他在学习中不断舍与得。雷军说："一个人要肯学肯干。大学最要做的就是学习适应能力，我最在乎的就是他们会不会学、肯不肯学。"

当然，肯学，还要肯干，更要在关键时刻不能掉链子。

雷军 1992 年进入金山公司，6 年后出任首席执行官。他延续了大学时的勤奋。原金山高级副总裁王峰回忆，当年雷军每每在下班之后约他在办公室谈工作，一谈就到半夜。16 年来，对于雷军来讲，这种劳模式的生活实在是太正常不过了。

据雷军回忆，微软在 1992 年进入中国之后，在办公软件领域对金山造成了巨大的威胁。到了 1996 年时，金山 WPS 的收入几乎可以忽略不计。"我们是加密的，而微软是不加密的。所以，前有微软，后有盗版，民族软件企业当时倒得七七八八。"金山有非常多的员工离职，包括雷军在内的领导层甚至考虑要不要转型去做保健品，"当时史玉柱就是这样。"雷军开玩笑说。

金山董事长雷军在北京大学做演讲时，反思在 1996 年决定坚持做 WPS 的心境，称因为这个决定错过了整个互联网，"但如果历史重回到那个年代，我依然会选择做 WPS，这就是我的宿命。"

在金山的时候，雷军重写 WPS 代码，亲自站柜台，做管理，这一切都是肯干和关键时刻不掉链子最现实的注解。

想象的困难有一百个，实际能遇到的可能只有一个。解决困难需要方法，但最直接的方法是做，而不是整天坐着讨论。做和坐，是解决困难的过程中不可缺少的，也是不能替代的。

在实际的工作中，坐很容易取代做。坐下来，相对容易，做起来，相对就难了。坐下来，是有必要的，但如果想通过坐下来讨论，从而解决了困难，却是不可能的。讨论是为了更好的行动，而不是取代行动。困难是要靠行动解决，而不是要消除一切困难之后才去行动。

其实，一个人只要“肯学肯干，关键时刻不掉链子”，做事业，就能让事业不断进步；做员工，也能成为让人最放心的员工。

做自己喜欢做的事情，就一定会成功

做自己喜欢做的事情，并且喜欢上自己所做的事情，这是一个人职业化的必然要求。

工作就是生活，工作同时也是命运。没有哪个讨厌自己工作的人能把自己的工作做成事业。

喜欢与不喜欢，一边天堂，一边地狱。

雷军在谈到程序员的工作时说：“程序员需要整天趴在电脑前，经常没日没夜，非常辛苦，而且工作来不得半点虚假，少写一个标点符号都不行。喜欢的人，日子过得非常开心，每写一行代码，都会有新的成就感，尤其当自己的作品被广泛应用的时候，那种自豪感油然而起。不喜欢的人，坐在电脑前极端无聊，被进度压得喘不过气来，天天为找 Bug（漏洞）、改 Bug 生气。”

雷军在金山的 16 年，外人看来，异常辛苦，苦不堪言，可雷军却把那段岁月视为自己最快乐的时光。“做自己喜欢的事情，我觉得只有做你自己喜欢的事情，你才会有足够的动力和热情。

我很幸运，因为我20多年前是一个程序员，我很喜欢做软件，所以我才参与了金山软件的创办。我觉得做自己喜欢的事情是人生最美妙的事情。”做自己喜欢的事一直是雷军创业的一条根本原则。

做自己所喜欢做的事情，就一定会成功；做自己所喜欢做的事情，就是成功。

不喜欢自己所做的事情，其实就是把自己关进了监狱。如果不喜欢自己所做的工作，要么离开，要么强迫自己喜欢。

“酌贪泉而觉爽，处涸辙以犹欢。”一个灵魂自由的人，即便在监狱当中也是自由的；一个灵魂不自由的人，无论身处何地都是被禁锢的。

做自己喜欢的事情，喜欢上自己所做的事情，一直是雷军做事的原则。在金山的时候如此，创建小米科技的时候，同样如此。

写程序与做手机，一个软件，一个硬件，好像中间差距很大，但雷军说：“现在超级喜欢数码，收藏了一堆手机和pad。做自己喜欢的事情，才有机会做好！”

雷军创办小米科技的根本原因，固然是因为他看到了移动互联网的前景，是因为偶像乔布斯走在了前面，但更深层次的原因，则是内心深处对手机的喜欢。

雷军经常把自己分两段评价，他在金山全职工作了16年，在金山他觉得自己“蛮勤奋、蛮向上的。”但雷军觉得，金山因为局限于当时的资源和自身的能力，做得是不够顺的，对天时地利强调得比较少，更多强调人和，人定胜天。而做小米讲究“天时地利人和”，更为关键的是，雷军悟透了一些道理，看透了一些事情，更倾向于做自己喜欢的事情。

做事，做自己喜欢的事，这对雷军来讲，是一种幸福。而这种幸福让雷军以一种狂热的姿态投入到工作中。

小米创始人之一的林斌就曾被雷军对手机的狂热震慑住。有一次，两人在咖啡厅里聊天，聊到了手机，雷军从包里哗啦啦掏出八九部手机，满满当当放了一桌。然后对它们逐一进行了一通点评，性能、优势、缺陷都分析得头头是道。当时，雷军还没有决定进军手机行业，他的行为让林斌心里忍不住嘀咕：他一个搞软件的，怎么玩起手机来了！他不知道的是，雷军一直是数码产品的发烧友，尤其是手机发烧友，他有过70多部手机，对手机非常了解。

喜欢编程，热爱手机，这两者的“宠爱”自然的集于小米一身。2010年4月，在得到著名风险投资 Morning side 和启明的巨额投资后，北京小米科技有限责任公司正式成立。公司成立了，可这次让大家意外的是，雷军并不急于做手机，而是号召大家坐下来写代码，这是他最喜欢的也是最擅长的事。

喜欢的事情才能用心，用心才能投入，只有投入才能做出打动人的产品。2010年8月16日，小米公司正式发布了一款基于安卓系统的操作系统——MIUI。在短短一年的时间里，MIUI 吸引了来自世界各地的50多万名手机硬件发烧友，在 MIUI 论坛活跃的用户高达30万。

做喜欢的事情，让雷军有足够的动力去解决面临的困难。2010年12月，米聊问世，市场反应平淡，又面临着腾讯的威胁。在压力面前，雷军力主创新，很快就研发出了“语音对讲”功能，米聊从一款普通的社交软件演变成一款可以语音交流的对讲机。自此，米聊迎来了爆炸式发展，米聊会员呈数倍增长。

MIUI、米聊两个软件的推出为小米赚得了足够的人气，成为了雷军进军移动互联网的两款重要工具，也为小米在移动互联领域确定了不可动摇的地位。

当被媒体问到创业成功的秘诀时，雷军说："我们当然希望为整个民族和国家做一点了不起的事情，把这个问题想透了，您只有做出大的事情，才会有大的贡献，回到根本上要把喜欢的事情做好。所以我现在把这些事情结合起来，刚才讲均衡，追求更大的成功，做喜欢的事情，完成自己的梦想，为国家和民族做一点事情，不要勉强自己做不喜欢的事情，这样就很纠结，还要强调天时地利人和，要顺势而为，别拧着劲干就行。"

小米的三年，用雷军自己的话说："我现在做的所有事情，是我退休了三年之后自己想干的，没有什么比这件事更让我觉得激动人心，没有什么事比这一件更波澜壮阔。"

做自己喜欢的事情，才能拿出足够的热情，也才能把产品做到足够精致，乃至极致。小米科技是一家很克制的公司，3000 多名员工，迄今为止只做了三款"小米手机"、一款"红米手机"，一个小米盒子和耳机，大大小小六款产品。这与其他公司琳琅满目的展品相比，小米还是很克制的。当然，如果小米选择做一百款千元机的时候肯定做不好千元机，如果拿出如此的热情，花这么多的钱用这么长时间做一款千元机，小米自然就能做好了。

红米的宣传语是："永远相信美好的事情即将发生。"对此，雷军是如此解释的："这个开始不是我们说的，而是一个米粉说的，我们特别喜欢是因为它代表着正能量，我觉得今天互联网生态基本上是很负面的，我们怎么样能够代表正能量把这些问题解决呢？每天高高兴兴做自己喜欢做的事情，人生就很圆满，不要把很多东西看得太重，做多少销售额，卖多少部手机，我觉得这些都不是我们关注的，小米上上下下都在想，怎么样把产品做好，这是所有问题的关键。”

在雷军看来，做一件让自己骄傲、让朋友和家里人骄傲、让整个民族骄傲的事情，这就是他的理想。要实现这个理想，首先要做一件让他自己开心的事，让家里人和朋友们开心的事情，让社会也开心的事情，把这几个结合在一起就是很了不起的事情。

3

不会合作的人注定失败

公司可以死，但做人不能失败

公司死了，可以重生，做人失败了，那就会一败涂地。要想把事做好，首先要学会做人。

对此，雷军曾经说过这样一件事："大学有很多事情是必须得做的，比如打'拖拉机'。我有几个同事写程序同样很厉害，提拔到管理岗位以后一直不适应，后来发现他们上大学是走读，因为走读没有和同学们打成一片，导致他们的领导能力有问题，所以我认为大学真正要学的是打扑克。我们那时早晨一起床就开始打，输的人去买饭然后再接着打，输的人再去刷碗。"

可见，一个人是否会"做人"，是否能融入团队，直接决定着一个人是否能干管理，甚至决定着一个人的事业能走多远。

2007 年，雷军在金山登顶时选择离去。如果说在金山的时候，雷军主要的精力放在了如何做事上，离开金山之后，雷军主要的精力放到了自己身上。

要想改变世界，首先要改变自己。失败，主要不是事情的失败，而是做人的失败。所以，每走一段路之后，人都要对自己进行反思。

离开金山后的几年，雷军的主要工作就是自我重建。因为他要重新出发。重新出发，就不能穿新鞋走老路。要想走新路，就必须从改变自己开始。

他决定先不要有什么目标，过一阵逍遥的日子，想透了再干。“我当时就是坚信我还会再干点别的什么事情。”这一想就是三年，他看王守仁的心学，反思自己以前的商业人生。他说：“自己就像一辆坦克车，什么障碍都能闯过去，但是闯过去以后觉得很费劲，不顺势而为，尽管最终可能也达到了目的，但付出的代价过高，我就在想，怎么样才能做得像行云流水一样？”

2010 年 7 月，雷军在微博上发布自己的反思结果，他剖析自己，残酷但真实，其中有三条都和人心有关：“人欲即天理，要顺势而为，以及广结善缘。”

这是雷军对自己过去的交代。此次“闭关”的结果，使雷军想明白了，想做事，先做人。雷军以这种思路，在天使投资领域实验，结果做得风生水起。

此时的雷军，在投资的时候，投资投的是人。事是人干出来的，再好的事情，如果人不行，照样不会成功。只要做人成功，一时失败了，经过调整之后，照样还会成功。

雷军的第一笔天使投资是拉卡拉。2004 年，在高尔夫球场享受了两年退休生活的孙陶然决定开始新一轮创业，雷军没有犹豫就答应投资。这就是雷军的投资理念，只投朋友，或者朋友介绍的朋友，不熟不投。在他投资的十几家公司中，朋友的公司占了 80%。

雷军投资基本不看项目，也不接受商业计划书，为此有人骂他很拽。

雷军的回应也很有意思："关你屁事。"

商业计划书是让雷军很头疼的一点。"你会看到无数的商业计划书、无数的项目，看了以后，也许你不小心投了某个公司，做的业务跟计划书里的项目有点相像，结果就被指责抄袭。"所以他不得已又升级了自己的投资规矩：

第一条：秘密的别告诉我。

第二条：如果你非要告诉我，我不签保密协议，我也不愿意保密，告诉了保不住密是你的责任。

雷军总共投了 17 家公司，其中有 11 家公司是从零开始。他喜欢以创业的方式来做投资，有时脑袋中有个点子，就开始和朋友一起探讨，然后找投资，一步步把公司创立起来。

在雷军看来，做投资，只看项目，难免会看走眼，但看人，尤其是身边的熟人，走眼的机会就少了。

看人投资，风险也会大大降低："90% 的创业项目会死，幸福的是少数，不幸福的是多数。公司可以失败，做人不能失败，你在处理事业失败的时候，要让自己获得一个好口碑，这样你就获得了下次东山再起的机会。我做天使投资成功率比较高，成功率比较高的秘诀，一般不会在外面讲。其实最重要的投资经验是什么？我有一半以上的项目死了，我会再给项目负责人第二笔钱，或者他的公司转不过来，我会借钱。我觉得绝大部分项目都会出现问题，关键是怎么处理好，以后自己还能重新开始。”

但雷军在天使投资的时候，遇到的最大的问题还是人的问题。

雷军曾经遇到一个创业者，他的公司遇到困难要关门了，最后雷军答应借钱给他。雷军投给他150万元人民币，占15%，对方注册公司的时候还向雷军借了50万元注册资本，注册完以后他还了20万元。后来，雷军对他失望的不是他一年多赔了180万元，而是他让雷军失去了百分之百的信任。当对方再借钱的时候，雷军觉得这个人信用不好。雷军认为：“创业者跟投资者之间的信任非常脆弱。当涉及信用这个问题时，一定要非常认真。”当时对方跟雷军借的不是钱，是注册资本，注册完要还的，可是他公司开了一年多都不还，这就是信用的问题了。一个人一旦失去了信用，就没有什么可值得期待了。

雷军说：“我们投资人天天看到一堆的公司，失败是正常的，成功是不正常的。关键问题你怎么处理好每一件事，尤其是涉及信用的时候，信用对每个创业者是无价之宝。天使投资人真的不是傻瓜，天使投资的本质是什么？是六合彩，有个朋友要创业，十来个朋友一人出个份子，他做成腾讯我们也发财了，不做成腾讯我们也支持了朋友，同时也创造了当年的GDP。”

在做人方面，除了信用之外，另一个重要的问题就是对规则的态度。规则，是用开始的不方便，换来以后合作的方便。

雷军说：“作为一个投资人，我最大的困惑是说服一个创业者，了解并遵守这些规则。”雷军曾经看中了一个项目，并且开了很多次会，也跟创业者把条件谈好了，结果过了一个月以后，雷军问这个项目怎么样了？他们说还没有谈定。雷军问为什么没谈定？他们说这个创业者第一次创业，对投资条款不是特别了解，他几乎跟我们每个条款都谈。一个 VC（风险投资）标准条款三四十页，每个条款都谈，谈一个月下来都没有什么结果，而且谈的过程很郁闷的是许多常识问题没什么可谈，这些条款都是西方社会经过几十年、创业者跟投资者的博弈形成一个共识。又过了一个月以后，雷军的同事反馈时说他不想投资了，雷军问他为什么？他说，谈了一个合同下来，就感觉这个人太难共事了，以后投进去之后，这个项目更难管理。

认可并遵守大家公认的规则，是融入团体的前提。一个只想以自己为中心划定规则的人，注定难以合作；一个总试图逃避规则的人，注定不可信。

做事先做人，做人的失败，才是最大的失败。

每个人都是互联网的一个节点

2004 年 9 月，雷军在出售卓越网的协议上正式签字了，亚马逊以 7500 万美元全资收购了卓越网。卓越网从 2000 年 5 月正式创办到出售，仅四年四个月时间。

对于创业者来说，卖掉亲手创办的企业，一定是件非常痛苦的事情。雷军为了尽快从痛苦的情绪中走出来，决定尽量不上卓越网，决定尽量不见卓越网老同事，把主要精力用来总结卓越网四五年的成与败，琢磨未来的发展机会。这个过程想了半年多，后来主要在想：什么是互联网？为什么互联网公司毛利率高增长快？未来的发展趋势是什么？

经过总结，雷军得出了如下的结论：

（1）开放和合作是互联网公司成功的关键。互联网首先是一张无边无际的网，每个人都是节点，互联是互联网成功最关键的要素。任何封闭式的业务模式都会遇到很大挑战。

（2）互联网公司最厉害是靠机器赚钱。一旦产品研发完成，用户量到了一定的规模，只要服务器开着就可以赚钱了。到了这个阶段，产品研发推广的边际成本为零，服务器带宽成本逐年下降，毛利率自然就上来了，业务增长速度也比较快。而且，机器是 7×24 小时工作的，当然运维人员要全天候确保运营质量。

雷军把这些全部总结成一条：互联网是一次观念革命，是“深度互联，全天候快速反应”的观念。想清楚了这些，雷军做了两件事情：（1）从 2005 年初开始在金山内部发布了全面转型互联网的动员令，现在金山业务几乎全部来自互联网。（2）2006 年初开始投资了移动互联网行业，比如投资了乐讯（移动互联网最大的社区）和 UC 浏览器等。

雷军互联网思维的真正集大成，其实是小米。真正的互联网，是人的互联，而不是机器的互联。

每个人都是互联网的一个节点，互联网做得是否成功，就是要看是否能把人纳入到自己的体系，并使之真正发挥节点的功能。要想把人纳入自己这张网，就需要有现实的切入点和载体，雷军经过考察后，决定把这个载体设定为手机，并用互联网的模式来做手机，小米手机的思路形成了。

做软件出身的雷军横刀杀入了硬件领域，用互联网的方式和思维来做手机。说起来简单，做起来难。这个领域，摩托罗拉做了80年，诺基亚做了50年，如今再加上一枝独秀的苹果以及枕戈待旦的HTC、三星——小米怎么玩？

事实上，当初雷军宣布要做手机硬件的时候，唱衰者众，即便彼时的智能手机行业正处于天下大乱、位次重排的混战时期。

从一开始，雷军就描绘了一张大致的前进蓝图，其中核心的观点是：（1）通过互联网培养粉丝。（2）手机坚持做顶级配置并强调性价比。（3）手机销售不走线下只在网上销售。（4）在商业模式上，不以手机盈利为目的，而是借鉴互联网的商业模式，以品牌和口碑先积累人群，继而把手机变成渠道。

简言之，雷军就是要打破手机硬件行业的游戏规则，用互联网思维来做硬件。用互联网思维做硬件是什么意思呢？其实互联网思维包含很多的内容，最最重要的内容就是怎么能够通过互联网让数百万人跟自己一起干，其实就是怎么通过互联网发动足够多的人一起帮自己出主意，一起帮自己推广。

这是问题的关键，互联网精神的核心就是开放与合作，通过开放的平台，大家一起来做事，从群众中来，到群众中去，是地道的群众路线。

要想真正让群众参与进来，光有手机这个硬件是不行的，于是，号称为发烧而生的MIUI操作系统开始起步。MIUI系统是小米公司基于安卓系统深度开发的手机操作系统，通俗点讲，就是小米公司开始优化自己的心脏。

和传统研发不同，MIUI被雷军要求是个“活的系统”，它的开发和发布走互联网路线，与第三方民间团队合作，每周快速更新版本，积累大量的论坛粉丝。2010年8月16日，MIUI在开发两个月之后迅速发布。

黎万强负责 MIUI 的产品界面和人机交互设计。“我第一次感受到互联网开发模式的魔力。”他说，“以前在金山都是封闭开发，关起门来追求高精尖，动不动一两年。我们以为做到最好了，可是发布之后用户未必喜欢，而且两年里市场可能发生很多变化，要改也来不及，就这么错过了市场机会。这一次，我们从各个论坛里筛选出 100 个用户，产品上线的第二天早上就得到用户反馈。你看到很多真实的身份，有的是水果店店长，有的是香港内衣设计师，哇，你第一次这么近距离地接触用户。你会发现，如果你善待用户，他带给你的好处是超出想象的，他对你的宽容度也是超出想象的。”

截至 2011 年 7 月底，MIUI 拥有大约 50 万论坛粉丝，其中活跃用户超过 30 万，总共有 24 个国家的粉丝自发地把 MIUI 升级为当地语言版本，自主刷机量达到 100 万。

要真正让人与人互联，切入点和载体有了，但还缺少信息交流的有效工具。

其实，从 2010 年初，小米内部一直有三四个人在做一款通信产品，名为“小米通”。雷军始终不肯放弃这个方向，但他并不知道这个产品的最终形态会是怎么样。一直到 2010 年 11 月 6 日，有人在办公室门口把雷军拦住，给他看了美国刚推出的一款即时通讯软件，名为 Kik。这款产品刚刚推出两个月，就获取了 300 万用户。雷军只看了 15 分钟，立刻意识到这是个机会。短短一个月后，2010 年 12 月，小米发布了中国第一款模仿 Kik 的产品米聊安卓版本。2011 年 4 月，米聊又借鉴香港一款名为 Talk box 的同类产品，为米聊增加了对讲机功能，用户猛增到 100 万。

米聊，让雷军互联网做手机的思路最终落地，才真正让群众参与到这场“小米运动”中。雷军说，他要靠米聊来挣钱，他要把米聊做成手机上的Facebook。一旦有一天，MIUI的注册账号和米聊的注册账号绑定了，他就获得了一份多达百万并且可以无限增长的真实客户名录，这里面有姓名、手机号码甚至驾照号码。

“这不就是互联网的挣钱办法吗？你说，阿里巴巴一开始挣钱吗？百度一开始挣钱吗？腾讯一开始挣钱吗？都不挣钱。一旦有了大量用户和品牌资源，就有各种各样的办法挣钱。”

至此，小米科技的战略布局一点一点慢慢变得清晰：靠小应用启动公司、锻炼团队；靠MIUI掌握独立操作系统，并且提升品牌、积累粉丝；在大量粉丝的基础上推出手机硬件，完成一定量的销售，并且把论坛粉丝转化为手机粉丝；在手机销售增长的基础上，绑定米聊以及更多的手机应用。至此，小米科技已经形成一个完整的生态和信息闭环，雷军已经有实力发动群众，来一场“小米革命”了。

2011年8月16日，小米一上市，就引起了轰动，而小米科技在成立的第二年估值即过10亿美金，这既是小米的神话，也是互联网的神话。

用放大镜看别人的优点

作为一个投资人，雷军自然是阅人无数。他表示看人看优点，关键在于如何看。他的建议是：用放大镜看别人的优点。因为每个人都会自觉或者不自觉夸大自己的能力或贡献，自觉或者不自觉贬低别人的能力和贡献。“只有用放大镜看别人的优点和贡献，也许才是真实的。”

只有用放大镜看别人的优点，才能真正理解别人。也只有用放大镜看别人，才能得出客观的结论。

别人是自己的一面镜子，不了解别人，不能正确认识别人，就不会真正认识自己。认识人的困难在于会不自觉地根据自己的理解先对人做出一个预设，如此一来，想要真实地了解别人就困难了。

用放大镜看别人的优点，要预设自己的无知。

自己看别人做的一个方案，如果带着自己的标准去看，那只能看见自己想要的东西，而不会看见那些自己不想要的东西。放弃自己的标准，顺着别人的思路，才能真正理解别人的方案，然后再用自己的标准评价，才知道好在哪里，不好在哪里。

如果要学习别人的长处，则要放大别人的优点了。因为人会不自觉地抬高自己，或者对自己的想法带有不自觉的固执。在要求自己真正了解别人的思想之前，不要有任何的知道；只有什么都不知道，才能进入别人的思维；也只有进入别人的思路，才能真正的知道；也只有真正的知道，才能正确的评价；只有正确的评价，才能确定自己是接受，还是拒绝。如果要打败自己的固执，就要放大别人的优点，如此才能接受别人，才可能让别人的优点成为自己的。

用放大镜看别人的优点，是雷军在现实中积累的经验。理想主义青年雷军的创业史起步于 IT 产业。作为中国最早一批 IT 创富者，1992 年雷军加入了求伯君的团队，作为技术负责人参与了金山软件的创建。2007 年，当金山软件在香港上市时，雷军已经是金山软件总裁兼首席执行官。

在此过程中，雷军一直没有放弃寻找别人优点的努力。从微软和联想那里，雷军学到了不少经验。从市场和客户那里，雷军把理论上的东西细化到最小，就像做软件一样，把程序细化到最小的模块。他在金山的每个员工桌上都放上一个小旗帜，上面写着:“每天，你有多少时间与客户在一起?”他要向市场、向客户学习。从最初在中关村站柜台、守店面，到如今每月去一次我国台湾地区以及美国，考察那里最顶尖IT企业。雷军要成为市场策划大师，要成为IT企业管理专家。

只有用放大镜看别人的优点，才能真正从别人那里学习经验，吸收别人的长处。高高在上者，只能等待着被别人超越。

用放大镜看别人的优点，其实是一种虚心。

虚心和自满这两个词其实很形象。虚心，也就是空心，只有空心的东西才能容纳。也只有不明白，或者示人以自己不懂或者不很懂，别人才会教你，如果你装作很懂，人就懒得去教训你。不懂装懂就是自满，自满就是还没装上东西，就已经满了，就像一个实心的碗，自然装不上东西。

如同茶杯要想倒满水，就要放得比茶壶低，如果不放低自己的茶碗，永远不会接到水。同样道理，如果不适时放低自己的姿态，就只能在虚高中被人超越。

拿着放大镜寻找别人优点的雷军，这些年下来，收获颇丰。我国台湾地区的所有顶尖公司他都拜访过。他每年都去那里“学习”。他在一家著名企业，看到他们把源程序放在一只巨大的保险柜里，回来后，他也去银行租了保险柜，把金山所有的源程序也保管起来。在另一家企业，他看到一个像是作战室一样的屋子，墙上桌子上都是公司经营的沙盘模拟。他兴奋得不行，一定要拍下来回去好好研究。考察了六天，他拍了6卷胶卷。

他曾经带着金山管理层去美国最知名的一批 IT 企业考察，学习优秀管理经验。他发现，金山的管理与世界通用软件企业的管理非常接近，他感到非常自豪，他觉得金山基本脱离了软件作坊的概念。

用放大镜看别人的优点，需要不耻下问。金山在做杀毒软件市场前，他在国外买过趋势公司的繁体字版传记，后来又买了简体版的传记，连续读了四遍，还买了八十本，见到同事就送，并把这本书当“教科书”。

雷军说：“在高速变化的产业，一个人没有学习的态度和学习的能力，就一定会被淘汰。只有用放大镜看别人的优点，才能有虚心学习的能力。学习能力最重要的表现是反思总结，一个人，只有不断反思总结，能力才会不断提高。”

创建小米科技后，雷军也没有放下他的“放大镜”。

小米手机诞生前，国内智能手机市场只有两种生态：一是高价格高性能，如苹果；二是低价格低性能，如酷派等国产机。魅族手机创始人黄章曾被寄予厚望，他的产品价格和硬件虽好，服务性却差。此时小米以低价、高性能、好服务的姿态进入，抓住了发烧人群。效仿小米者众多，但并未学到 MIUI 系统的精髓，它像互联网产品一样，随时接收用户反馈并快速更新。

正是因为雷军拿着“放大镜”，不断地发现并借鉴别人的优点，所以才会让小米处于“一直被模仿，从未被超越”的境地。

“用放大镜看别人的优点”，还让雷军获得了额外的收获。针对目前社会上越来越多人偷奸耍滑的现象，雷军做了一个吃亏是福的阐述。他引述一个身边朋友的话说，注意一下周围的人，大家都喜欢愿意吃亏的人。“我想，和别人合作，假如干活的时候，比谁干得多，分钱的时候，比比谁拿得少，这样的合作一定非常愉快。”在他看来，这个社会不会让一个人永远吃亏下去的，大家都愿意和你合作，你的机会自然比别人多。

乔布斯偏执，雷军平衡；乔布斯自私暴躁，雷军温和，生气只是低头不语；乔布斯认为世界非黑即白，一个人不是精英就是蠢材，一个产品不是奇迹就是垃圾，而雷军不忍心伤害别人。这种性格以及做事特点，让雷军在金山发展当中，虽然遇到过很多外面的冲击、竞争、压力和很多诱惑，但他跟求伯君和张旋龙在中关村做了16年，没吵翻，没分家。

雷军对此解释说：“中关村的企业发展到后期分道扬镳的很多，大家都说中国人不能抱团打天下，我想不管怎么说，金山这一点做得蛮出色的。三个人在合作过程中是不大可能不产生分歧的，有不同的观点，我觉得这个很正常，但是关键问题在于怎么解决这些分歧，怎么处理好大家不同观点之间的矛盾。”每个人都有缺点，要想合作顺利，就要用放大镜看别人的优点。

在小米发布会现场，乐淘网毕胜、多玩网李学凌、凡客的陈年等一帮互联网明星纷纷摔掉手里的苹果手机，高呼“我们要小米!”为雷军助阵。而小米科技的团队牛人荟萃，豪华大气，这自然也是雷军用放大镜看别人优点的结果。

帮忙绝不添乱

《庄子·逍遥游》中说：“庖人虽不治庖，尸祝不越樽俎而代之矣。”意思是：厨师虽然不办祭祀用的酒席，主祭的人也不能跨过礼器去代替厨师办席。庄子对这种做法当然是相当反对的，但有人可能不解：难道帮一下别人，避免产生混乱也不可以？

帮忙，是在别人忙不过来的时候帮，而不是替别人做。

帮忙如果帮不到好处，只能是添乱。汉宣帝时的丞相丙吉一次外出，遇有人斗殴，其中一人横尸路边。丙吉却不闻不问，驱车而过。恰又遇到一老农赶牛，牛步履蹒跚，气喘吁吁时，丙吉马上停车，让人询问缘由。随从不解：丙吉何以如此轻人重畜？丙吉说："行人斗殴，有京兆尹等地方官处理即可。而现在是春天，那牛因为天太热而喘息，那今天的天气就不太正常，农事势必会受到影响，如此势必影响老百姓的生活，进而影响整个国家的局势，所以，这件事丞宰相应该管。"

团队需要合作，但合作最重要的是做好份内的事，履行自己的职责，然后有限度地帮助别人。合作并不是每个人都要包办一切。必须要清楚，合作的前提是分工，而分工的前提则是权责清晰。

觉得自己出于一片好心去帮助别人，不一定能把事情办好。帮助不当，还可能害人害己害大家。

帮忙绝不添乱，是雷军做天使投资的原则。天使投资是持有小部分股权的投资行为，他不谋求控制，是一种非常放权的投资。在雷军投资的公司中，只有极少数的公司，因为特殊原因，雷军才有一定的控制力，其他公司他一概"不闻不问"。在他投资的所有公司中，他都与创业者约定了几个原则。

第一，不要投票权。雷军的投票权百分之百属于创业者，前提是不要做假账。第二，雷军还告诉那些创业者："你千万别听我的，如果听我的，做对了是你的功劳，做错了是你的责任，你要独立判断，我要的不是跟班的小兵，我需要的是中国未来知名的企业家。”

不要投票权，雷军主要目的是约束自己的权力；不要创业者听自己的，雷军主要是要约束自己不要乱指挥。雷军可以给创业者提建议，以他的经验来给创业者出主意，但这个主意需要创业者自己决定，他不负责实施。

在这方面，尚品网 CEO 赵世诚也很有感触。在尚品的商业模式急需调整并且迫切需要融资的时候，雷军给赵世诚发了一封邮件，鼓励赵世诚攻克难关，邮件中还引用了任正非的一句话：“一个好的企业都要经过三次死亡。”这件事对赵世诚触动很深。

赵世诚并非雷军的老友，是通过熟人介绍而认识的。雷军觉得赵世诚可以成事，电商也是他所了解的领域。雷军给赵世诚的底线是“以不关门为原则”，投资人对于创业者往往扮演施压者的角色，但是雷军会给创业者减压。

“雷军还教给我一个小的管理技巧，可以提高效率。比如，一周的会最好集中在一天全部开完；在管理上按事情重要程度排序，只抓最重要的前三件事。”赵世诚说。

作为业内大佬，雷军会为创业者提供一些人脉。2010 年 3 月，李学凌和赵世诚同时收到雷军的邮件，邀请他们进入亚杰商会，那时雷军是亚杰商会的董事。“这两年尚品融资的关系大部分来自于亚杰商会，从某种意义上，他投资不光投钱，还投资人脉。”赵世诚说。

作为天使投资人，在面对所投公司创始人内部矛盾的时候，往往要扮演终结者的角色，但雷军有一个原则：只支持老大。“只要老大不犯原则性错误，不违法，不偷税漏税，不卷钱跑了，我就旗帜鲜明地只支持老大。”雷军说，即便老大是错的，雷军也毫无保留地支持老大，“如果老大要干掉老二，那就干掉，好合好散，我是绝对不会搅进去，不添乱。”

雷军非常看重让创业者的拥有感，所以，雷军给创业者的是百分百的信任。

雷军只要投了钱，一切就都听创业者的。对的听，错的也听。雷军对此的解释是：“创业者是由一个又一个的错误才磨炼出来的，有时候你不让他犯错他怎么可能成长？所以反正我的经验就是，如果要犯错早点犯错没关系，我们自己每一个人也是这么成长的。”

在雷军看来，创业者才是主角，投资者只是配角。雷军在接受《创业邦》采访的时候，不止一次强调这个观点。细数国内知名天使投资人，雷军是极少数身兼创业者和天使的双重身份，创业者雷军不喜欢身处神坛，不愿意被称作创业导师。“都是朋友之间帮忙，把我当成一个热心的大婶好了。”雷军说。

关于雷军的这个姿态，他与毕胜的关系最具有说服力。

毕胜是百度的前销售总监，作为元老跟着李彦宏从创业到百度上市，在本该最志得意满的时候，却因父母病重，需要尽孝，而不得不从百度离开。后来，毕胜找到雷军，说了自己想创业的打算，雷军建议他做电子商务。

做搜索出身的毕胜对电商知之甚少，自然心里打鼓。雷军对他说：“你下功夫做两年就能及格。”就这样，门外汉毕胜走上了电子商务之路，接下来卖什么成了摆在眼前最直接的问题，毕胜喜欢喝红酒，从自己的兴趣出发，打算卖红酒，雷军则从运输等角度帮他分析会面临的挑战，红酒最终没做。

雷军投资让毕胜做了乐淘网，乐淘网卖了 1 年的玩具，在第

8个月的时候，毕胜觉得这个方向做不下去了。首先，真正上网的人都是家长，而买玩具的决策者是孩子，但是孩子并没有支付能力。其次，中国盗版玩具太多，正版玩具卖不动。于是他没和雷军商量就改卖鞋了。

事实是，雷军在得知乐淘卖鞋以后，并没有责怪毕胜，而是让他坚持下去。“毕胜要干什么都是他自己决定的，玩具他卖不起来，他要卖鞋，那就卖鞋。”雷军说。

后来，毕胜觉得卖鞋也不赚钱。于是找到雷军，说自己还要再改变方向。雷军还是尊重了毕胜的意见。

毕胜说，有一次，他到雷军的办公室，发现有一屋子的小鸟鞋（乐淘和愤怒的小鸟合作推出），还有凡客的衬衫，雷军已经买了不下100双的小鸟鞋送人。雷军总是偷偷地在乐淘上买鞋，来检验乐淘的服务水平。“雷军曾经跟我反映，他买同一双鞋，问不同的客服，回答都是不一样的，这就说明我们的系统里没有流转单转接，于是我们马上开发这个系统。”毕胜说。

“做天使投资必须放弃控制，除了放弃股权的控制，还要放弃心态上的控制。”雷军说。早期雷军投资的项目会参与团队运作，因为他投的都是自己的朋友。比如毕胜，乐淘是他的第一次独自创业，并且对电商不太了解，事无巨细，雷军都会很关心。“网站刚开始第一年，他甚至教我什么样的图片，怎么拍摄会更迎合用户，还经常凌晨两、三点钟给我打电话，跟我说网站有一些什么样的问题，怎么选品。”毕胜说。

“他们刚刚创业，什么都没有，天天找你帮忙，让你出点子，这是我能提供的价值，毕竟我创业干了这么多年，遇到的事情多，经验也多，可以带去的价值多。”雷军说。

能给别人投资是一种能力，能管控自己的控制欲是一种境界。显然，雷军是那种既有能力又有境界的投资人。

拉“牛人”入伙

一个人所能达到的成就，不是看他自己的事做得多好，业务谈得多棒，而是看他周围聚集了多少牛人。

牛人自然很牛，但能驾驭牛人，把牛人捏合在一起，共同做事的人，才真正的“大牛”。

雷军是牛人，这点看其小米科技的豪华团队就知道。在雷军7个人的创始团队中，除雷军外，林斌当初是谷歌研究院的副院长，洪锋是谷歌高级工程师，黄江吉是微软工程院首席工程师，黎万强是金山软件人机交互设计总监、金山词霸总经理，周光平是摩托罗拉北京研发中心总工程师，而刘德是顶级设计院校 Art Center 毕业的工业设计师。

即使是普通的员工，也个个都是原来企业的精英。用雷军的话说：“小米是全中国进入门槛最高的公司。”员工平均年龄30岁，几乎没有应届毕业生，履历表上的名字全都光鲜得要命，其中有一半人来自谷歌、微软和金山。小米位于卷石天地大厦的办公室挤满了人，以至于在刚刚从中关村搬到望京后不久，公司又赶紧在798租下了新的办公室，准备搬一部分过去。

小米手机在某种程度上是雷军的“终极梦想”，要让这个梦想丰满起来，必须要有一个杰出的团队，为了打造这个团队，雷军可没少动心思。

2009年10月，雷军向一直保持密切联系的林斌发出合伙创业的邀请。林斌，谷歌中国工程研究院前副院长、工程总监、谷歌全球技术总监，曾全权负责谷歌在中国的移动搜索与服务的团队组建与工程研发工作。雷军和林斌聊天时，林斌透露说："我想出来自己创业了，做一个互联网音乐的项目，你看怎么样?"

雷军听后大喜，对林斌说："别做音乐了，音乐我们投点钱，别人干就可以了，没意思。咱们一起做点更大的事情吧!"就这样，林斌第一个登上了雷军的小米战船。

黎万强加入小米团队，就有点顺风顺水了。黎万强 2000 年大学一毕业就加盟了金山软件，历任金山软件的人机交互设计总监、设计中心总监和金山词霸事业部总经理。和雷军 10 余年的共事关系让他们的私交非常好。2009 年底，黎万强决定辞职离开金山，他找到已经是亦师亦友的老领导雷军，告诉雷军说他要去做商业摄影，自己创业了："你觉得我这个创业方向怎么样?"

雷军说："我这里也有个方向，要不你来跟我一起干?"

黎万强说道："没问题。"

雷军反问黎万强一句："你知道我要干什么吗，你就这么答应了?"

黎万强说："你要做手机。"

雷军笑了。黎万强就这样加入了小米的团队。

万事开头难，建立一个团队尤其如此，最开始的几个人最为关键。但只要有了开始，就可以利用每个人的朋友圈子，滚雪球式的扩展了。

林斌曾经和黄江吉在微软是同事。黄江吉，不到 30 岁就成为微软工程院的首席工程师。林斌把黄江吉介绍给了雷军。

当时雷军和林斌两个人一起拉着黄江吉聊天。雷军丝毫没提创业的事儿，就是和他一起聊各种电子产品，从手机到电脑，从iPod到电纸书。三个人一聊就是几个小时，黄江吉已经能够判断出，对面坐的两个人是要做点什么事情的，虽然还不知道他们具体要做什么，但是在临走之时，黄江吉说："我先走了，反正你们要做的事情，算上我一份！"

洪锋，上海人，前谷歌中国高级产品经理。对于洪峰，用雷军的原话就是："你接触他你会压力很大，他没有表情，他随便你说，你不知道他怎么想的。但他是一个很绝顶聪明的人。"

洪锋在上小学的时候就开始学习计算机，通过编写程序来解决实际问题。洪锋最令人惊奇的经历就是他在谷歌用20%的业余时间，和几个人一起做了谷歌3D街景的原型。洪锋在美国谷歌的时候，是高级工程师。后来洪锋回到中国，在中国谷歌，他又是第一产品经理。他所主持开发的谷歌音乐，成为中国谷歌为数不多的饱受赞誉的产品。

雷军想要见见洪锋，算是面试吧。但是没想到，洪锋准备了上百个问题来问雷军，越问越细致，越问越难：你有硬件团队吗？你认识运营商吗？你能搞到屏吗？雷军的答案都是无。

末了，洪锋说："这件事情够好玩，梦想足够大。或者说你可以说这件事情足够不靠谱，因为它太疯狂了，你觉得这个事情从逻辑上是靠谱的，但是从规模上和疯狂程度上来说是绝对的不靠谱。这很有挑战性，我决定来挑战一下。"

本来，刘德并不在雷军的人才规划体系里面。雷军不认识刘德这样的人，而且，雷军甚至认为他根本请不起刘德这样的人才。

然而凑巧的是，洪锋的太太认识刘德的太太，洪锋认识雷军之后就想到了刘德这个Art Center毕业的牛人。当时刘德在美国过着悠哉悠哉的中产生活，安逸的不得了。2010 年 5 月，因为回中国办事而到北京的刘德，抽空来到了当时在北京北四环边上银谷中心大厦的小米公司，见到了雷军、黎万强，和后来才正式加入小米的林斌和黄江吉，大家从下午 4 点一直聊到 12 点。

聊完之后，刘德说："这事儿挺好，我又能帮上你什么呢？"而雷军说："我们想拉你入伙。"但是对于刘德来说，如果和雷军共同创业做小米，意味着刘德要放弃他在美国开办的公司、在美国的舒适生活，现在的一切正常生活轨迹都要放弃，而小米这个事情，也只是有可能成功而已。

不过当刘德回到美国后，他开始仔细思考这个机会。"这么多年来我都是自己干的，非常累，就是因为没有一个好团队。"刘德说，"我非常愿意加入这个团队，因为找到一个好 Team（团队）太难了！"

第二次来北京时，刘德主动给雷军打了电话，双方再次沟通。最终"小米选择了刘德，刘德选择了小米，这是一个双向选择。"雷军说。

2010 年夏天，雷军和林斌见了 100 多个手机行业的研发人员，还是没有找到合适的项目负责人，两人陷入崩溃状态。

这个人很关键，也很难找。

有一天，林斌在名单上划名字，问雷军，要不要见见周博士。他说的是周光平，曾任美国摩托罗拉总部核心项目组核心专家工程师、摩托罗拉北京研发中心高级总监，主持研发过明A1200 和 V3 中国版机型。当时，周光平已经从摩托罗拉离职，在戴尔工作不满一年。雷军和林斌都觉得希望不大，不过，最后约见的结果却让他们喜出望外。2010 年 10 月 8 日，周光平正式入职小米。

这群有钱的精英很快就证明了自己的价值：小米科技创办半年后，推出了米聊这款成功的产品。这个跨平台、跨运营商的手机端短信工具一推出后就大受欢迎，并帮助小米累积起大量用户，上线半年注册用户就超过了200万人。

这帮子牛人，真的办了一件“牛事”。

把朋友弄得多多的，敌人弄得少少的

雷军说：“商业上的成功最重要的就是像毛主席讲的，把朋友弄得多多的，敌人弄得少少的。过去几年我一直提醒自己，人若无名便可专心练剑，所以尽可能不参加会议，认认真真做东西。对我们这么小的公司最重要的是广泛结盟，以开放心态来合作。”

“树欲静而风不止”，虽然雷军想“专心练剑”，但练出名堂来了，各路朋友和仇家也就找上门来了。

人红是非多，产品红了，是非也多。小米自从问世以来，围绕着小米的褒贬之声就没有停止过。

在小米手机的发布会上，从外表穿着到手势动作，从PPT设计到发布会布置，那天的雷军都像极了他的偶像乔布斯。但这也给他带来了无尽的烦恼，因为任何在中国试图效仿乔布斯的人都会遭到同行及网友的无情嘲笑。小米手机的高调发布和雷军对乔布斯的效仿让很多人找到了攻击的目标。雷军回忆说，从那以后，“每个小问题都会被不断放大”。

“掉漆门”是小米手机遇到的第一个麻烦，雷军谈到这件事时很无奈，“我用钥匙抠都抠不掉，也不知道那个手机是怎么掉漆的，也许那个用户自己都不清楚”。他还掏出自己的小米手机，亲自给人展示后背掉漆的位置。然而，这个“或许的特例”却在微博上不断转发，从而引起了巨大的关注，最后小米不得不就此发表声明。随后还传出了小米手机容易死机、后盖不严等等问题。

对于这些问题，雷军有点始料不及。在雷军来看，小米的目标是做一款真正出色的智能手机，他也希望社会能够给刚刚上路的小米手机一些宽容和改进的空间。但过于成功的发布让用户对小米手机抱有非常高的期望，从而带来了巨大的压力。

雷军把这种压力当成了动力，甚至还把这些负面看作是一种激励，从而进一步改进产品。“中国消费者太需要一款出色的国产智能手机。”雷军说。

互联网是非常开放的平台，它最大的优势是大家可以畅所欲言，雷军在不同声音面前保持了平常心，批评得对的，他们会采纳，如果不认同，雷军也要求同事不要在网上开骂，即便是那些别有用心的水军在里面抹黑。

不要得罪君子，因为君子没有必要得罪。更不要得罪小人，因为一旦得罪小人，他会上下其手、无所不至地报复自己。

总之一句话，除非不得已，不要轻易得罪人。朋友可以不交，但人不要得罪。

与消费者做朋友，这是最关键的。在雷军看来，只要把事情做好，消费者就一定能认可。事实也证明，小米卖了那么多手机，基本不打广告，也没有渠道，如果口碑不好，这个公司早就死了一万遍了。把产品做好，与消费者做朋友，不树敌，这是雷军及其小米成功的关键。

小米公司的企业思想是不树敌或者少树敌，但是避免不了在某些具体业务上跟同行有一些竞争，即便面对这些避免不了的竞争，雷军及小米也尽量采取“化敌为友”的策略。处理与腾讯的关系就是一个典型。雷军说：“我们没有把腾讯视为竞争对手，而是合作伙伴，我想这是第一个要跟你表达的。QQ 空间有非常多千元机潜在客户，它比别的平台可能更适合红米的定位，所以我们选定了 QQ 空间。当然和 QQ 空间合作下来，我想把他们也吓了一跳，火到大家无法想象。所以我们做了一款好产品，也定了一个好价钱，中国移动和腾讯都愿意支持，我觉得这个产品应该还会挺火的。”

在雷军看来，朋友的多少决定着事业是否顺利。

雷军曾经对创业者建议说：“平时就要交朋友，平时你要有足够多的朋友。当你真想创业的时候就很容易找到钱。平时不烧香，没用。因为没有人的钱是轻轻松松随随便便就来的，我们的钱也是血汗钱。很多人说你为什么不给我投资？因为这是我的钱，我可以投给他，也可以投给你。但我为什么一定要投给你呢？”

雷军不仅这么说，而且这么做。雷军很少看在会场上递的方案。在投资很多项目的时候，雷军都不知道这个公司要做什么，这个人干什么，他就是支持一把。

雷军对此进一步解释：熟人介绍之所以更易成功。因为创业者的诚信是投资的前提，无论花多长时间和创业者沟通，都很难一下子建立彼此足够的信任。天使投资人由于是个人行为，投资前没有能力做足够的尽职调查，投资后基本不参与管理，这样对诚信的要求就更高了。熟人的介绍，相当于是对创业者诚信的担保。盲目寄送项目书，得到投资的难度会高很多。

但在这个世界上，不是想跟人成为朋友，就一定能成为朋友的。遇到那种纠缠不休的该怎么办呢？

其实古人早就教给了我们很好的办法，那就是“敬而远之”。“敬而远之”这句话很妙，与“惹不起，躲得起”异曲同工。有些人见了之后要绕着走，不要招惹，更不要得罪。

躲是一个妙招。除了躲之外，还要学会忍，而忍则是另一番功夫，不仅对那些看不惯、惹不起的人要忍，而且对那些看不惯、惹得起的人，也要适当的忍。不要得理不饶人，更不要为图一时口舌之快，而轻易得罪跟自己站在一起的人。

雷军在接受很多采访的时候，一直巧妙地回避着一个名字：奇虎360董事长周鸿祎。即便话题多次提到周鸿祎，雷军总是避而不谈。

知情的人说，这是雷军不想给自己惹麻烦。雷军和周鸿祎都来自湖北，雷军生于1969年，比周鸿祎大一岁。两个人曾经是好朋友。2008年之后，周鸿祎和雷军的关系开始有些小摩擦，主要是因为金山和360的业务竞争。进入到2010年，两人关系开始恶化——2010年，雷军创办小米手机；几个月后，周鸿祎和马化腾爆发“3Q大战”，周鸿祎认定雷军扮演了向马化腾煽风点火的角色。2011年，腾讯战略入股金山软件，雷军接替退休的求伯君重新担任金山软件董事长，二人彻底交恶。

小米手机发布后的数月时间，雷军和小米手机数次在微博上遭到炮轰，惹来麻烦的事件包括了“对iPhone 4S感到失望”、“等待乔布斯去世”以及“乔布斯逝世不当言论”等，而向来直言不讳的周鸿祎则是最有影响力的批评者之一。

雷军对此虽然也进行了回击，但相对克制。

当然，这也从另一个侧面说明了“把朋友弄得多多的，敌人弄得少少的”这个策略的正确，曾经的朋友成了敌人之后，会惹来多少麻烦。

4

每个成功的人都有颗成功的心

成功不可以复制

男人喜欢看武侠，女人喜欢看言情。原因很简单，他们都喜欢跟理想中的人物对号入座。男人看武侠，看着看着，就把自己当作令狐冲或者杨过等某个风流倜傥的侠士。而女人，则总是希望自己能是小说中那委婉的女子，拥有一段荡气回肠的爱情。

人的幻想不仅仅停留于那些子乌虚有的东西上。当年，秦始皇南巡，刘邦和项羽都喜欢凑热闹，刘邦看后，发出了“大丈夫生当如此”的感慨。项羽则更为直接，直接声称“彼可取而代之”。现代的年轻人，其内心的狂热丝毫不逊于当年的刘邦和项羽，而现代信息的发达，让他们也直接接触各种各样的成功人士的信息，更让他们有了更多模仿的对象。

对此，雷军如此评价：“有同事看到百度上市非常成功，羡慕得不得了，他跟我聊了几个小时，我跟他说了一句话，我说你这么羡慕，李彦宏能分你一分钱吗？不会分吧！那好，回家该干什么干什么去。”所以，我们要学会欣赏和祝贺别人的成功，然后回家该干什么干什么，与其临渊羡鱼不如退而结网，回家把自己的活做好，这最重要。

“把自己的活儿做好”，这是问题的关键。

雷军一直认为，创业的时候，都有一个伟大的梦想，都希望自己能够成为下一个李彦宏、下一个江南春、下一个古永锵、下一个谁谁谁，这是激励所有人创业时，内心里燃烧的火焰。

但“谋事在人，成事在天”，做事光靠激情和努力是不够的，成功必须天时地利人和才行。很多人看到的是别人成功的表象，而没有看到成功是综合条件作用的结果，照搬照抄，在别人那里成功，在自己这里可能就是惨烈的失败。

真正的成功是不能被复制的。小米同样如此，尽管在很多人看来，小米成功的模式也很简单，但这样认为的人忽视了小米成功所借助的天时地利人和。

单纯就小米选择的时间点而言，小米是无法被复制的。2012年智能手机爆发了，恰好小米已经站在风口上了。那个时间站在那个点上，几乎都能实现100%的增长，但如果换一个时间点来做，就很难说了。小米的成功，甚至超出雷军的预料，他也没想到会有那样的成长速度。一开始他认为卖30万台就不错，后来发现卖200万台也很轻松，再后来认为卖到400万台就可以裸奔庆祝了，最后的结果则是719万台。

当然，小米不能复制的一点，在于小米的创新。

小米模式是互联网手机系统化的创新，不能单独讲某个创新，这里有很多创新点。比如小米是第一家把手机这个“黑盒子”打开的，告诉用户用了什么芯片、什么显卡、什么屏、什么电池。以前国产手机是不拆机的，小米鼓励同行拆机，开创了手机元器件透明化。小米还开创了卖工程机的先河，把用户引入到整个研发流程来，从硬件开始就让用户参与设计。MIUI 软件更是让“米粉”自己参与，完全是互联网模式开发。还有互联网形式的传播，成就了成功的小米微博营销案例。

小米的出现是创新的结果，而且小米模式确实在不断演进。小米不是孤立存在的，单靠一家是完不成的。手机是比电脑复杂得多的产品，电脑可以 DIY，手机不行，它要追求整体性能。小米要营造自己的生态系统。现在，他们已经推了应用商店、游戏中心、小米读书、做了主题市场。

“人和”在小米成功当中扮演着重要的角色。小米成功的另一个关键因素是小米的“米粉”。

“米粉”是小米粉丝的昵称，是小米成功之路中的重要一部分。小米发展到今天很大一部分是由于米粉的响应。2012 年 9 月 20 日小米手机 MI2 的工程机面世，小米邀请了 1000 多名资深米粉参与，请他们提供建议。有些第一代小米手机的用户并不清楚 SIM 卡必须被推入插槽底部才能正常读取，因此在小米手机 1S 中，小米听取意见，加了一个提示贴，告知用户。

雷军这样描述小米狂热的粉丝：“大部分粉丝心中对完美手机都有很多想法，但因为开发一款手机很难，他们许多人无法实现自己的想法。他们会给我们提供意见，告诉我们希望在手机中集成什么样的功能。一旦我们能采纳并实现这些功能，他们就会乐于与好友们分享好消息。”

小米“人和”的另一个重要方面就是创业团队。几个合伙人都是来自各个领域最拔尖的人才，他们的追求是做最好的手机品质。有的手机说某一点做得比小米强，比如比小米更薄，或者摄像头更好，但做手机一定要平衡，做到整体最好，小米在整体上取得了领先。

小米是成功的，小米的成功也没有复制别人。雷军的“小米科技”被不少业界人士解读为：正试图在中国复制一个乔布斯的“苹果”。但雷军非常坚决的声称，“小米不是中国的苹果。”

雷军举例说明小米做不了中国苹果的原因：

（1）苹果极简的道理堪称完美，只有走一条不同的路才有机会。

（2）互联网行业的规律：击败雅虎的不是另外一个雅虎，是谷歌；击败谷歌不是另外一个谷歌，是 Facebook；做中国的苹果根本没戏。

（3）过几年再看，就会发现小米走了一条自己的路。

雷军极力撇清小米和苹果的关系。雷军曾称“乔布斯是神，小米做不了中国苹果。”他表示，“我 18 岁的时候就是‘乔粉’，我从来没有奢望过自己能成为乔爷第二，小米也绝对成不了苹果，因为乔爷是神，是我们顶礼膜拜的偶像，极简完美设计是我们无法企及的高度。小米努力的方向是‘易上手，难精通’，全力设计高品质高性能的发烧手机。有一群发烧友喜欢就足够。”

真正完美的东西是无法复制的。小米的成功在于成功做了自己。他没有照抄苹果，也没有照抄其他。伟大的成功是唯一而不可复制的。小米的成功并非是因为复制了别人，也不会因为有人复制小米而成功，因为，真正的成功从来不可能被复制。

成功最重要的因素是“梦想”加“坚持”

条条道路通罗马，很多成功的企业家都是从小事做起，从单点突破，然后再一步步上台阶。比如李嘉诚从卖塑料花开始，柳传志创办联想之前卖过旱冰鞋。

雷军说：创业成功最重要的要素是“梦想”加“坚持”！

梦想很沉重，一个人带着梦想上路，一定会很累。

雷军作为“金山”的“老人”，又作为IT界有名的劳模，对此自然很清楚。他一直觉得今天金山能走到如今，是一个理想主义者的成功。

金山在1996年是最困难的时候，而那时雷军觉得只要喜欢写软件就要坚持做下去，所以，不管多难多苦一路坚持下来，到今天雷军觉得那还是一个阶段性的非常大的成功。

在金山的发展过程中，雷军也遇到过很多外面的冲击、竞争、压力和很多诱惑，在这些面前，金山和其投资者也做过一些尝试，比如做卓越网，这个过程中雷军面临那么多压力和竞争，能够继续走下去，第一靠的就是梦想，第二靠的就是坚持。

没有梦想，就没有希望，没有希望就没有方向和动力。

但如果没有坚持就不能克服困难，不能克服困难自然也不能走下去。而成功，从来都是要在正确的方向上，克服无数困难才能实现的。没有梦想和坚持，自然无法触摸到成功。

雷军是1992年1月加入金山的，在金山干了快五年的时候遇到一个困难。当时微软进入中国市场，盗版软件也很猖獗，整个软件业务陷入了困境。在这样的情况下，金山面临的就是怎么求生存的问题，当然金山花了很多时间，也下了很大功夫找到一条生存之路。他们做了像电脑入门、金山影霸，很多这样的小产品，可是继续做下去的时候就面临一个很大的心理障碍，雷军加入金山是希望把金山办成世界一流的企业，按 1996 年找到的生存之路，雷军觉得那不是他想要的，所以雷军中间就开始有点犹豫，有点不太想干了，求伯君就反复挽留，然后到 1996 年底他们重新思考，怎么能让金山不仅活下去，并且要怎么发展。当大体思路想清楚以后，他们就开始大规模第二次创业的过程。

最困难的时候，人总会面临一场自己与自己的战斗。

在不知不觉之中，总会有一个声音会告诉他，放弃吧。还会有声音在对自己说：其实这样就挺好了。

如果自己想退却，内心会告诉自己一千条理由。如果自己想坚持，不需要任何理由。

一个人要想不被懒惰和胆怯击倒，不要给自己找理由，因为任何的理由都在表达内心退却的想法。人习惯性地为自己找理由，是因为人习惯性地懒惰和退却。人习惯性地走平坦的大道，却很难主动选择生僻而艰险的小路。

不给懒惰找理由，不给恐惧找借口。离开金山后的雷军创办了小米科技，取得了意想不到的成功。这次成功，更加体现了雷军梦想加坚持的伟力。

“离开金山对我是一次重创，心理上的创伤超过了大家的想象。我这个人很努力，很勤奋，带着一帮和我一样的人，打了这么多年江山，整成这个样子，我肯定不服气。要是我没努力也认了，但是我非常努力。二十多年，这么多的机会，一个都没捞着，我问自己为什么，问题肯定出在我身上了。”雷军说。

雷军一直认为，如果你没有成功，只是运气不好，你要坚持不懈，雷军很欣赏黄晓明为凡客做的广告“挺住，意味着一切”，这个广告在新浪微博被转发超过 14 万次。“挺住，意味着一切”，直指特定人群 85 后，他们很认同，雷军也很认同。如果你运气不好，千万别灰心，挺住，意味着一切。

有人曾这样问过雷军：是否有过放弃或不思进取的时候？如何渡过那段艰难时光让自己继续前行？

雷军回答：“没有。我是一个很执着的人，是个完美主义者，很自信。”为什么二三十年职业生涯没有迷失过？“因为我是一个有梦想的人。度过艰难时光就是凭借梦想和信仰。”雷军觉得人总得有点信仰，做互联网也好，做任何新生事物也好，在内心里面如果有信仰的话，比较容易坚持下来。

这也就不难解释为什么雷军是整个行业里坚持的代名词，在金山的跌宕起伏中，他坚持下来了，他坚持的信念就是他对互联网的信念。1998 年雷军开始意识到互联网的浪潮已经过来了，他筹备卓越网的时候是 1999 年底，在那个时候只有雷军一个人相信卓越网能成，创办卓越网的时候他是拿了自己的 1640 万元人民币来做的。在 2000 年的 5 月是互联网泡沫破灭的时候，雷军觉得当时有很多投资机构来找自己投资，雷军说如果是金娃娃的话为什么不自己投资，还有什么比自己投资更有信念？正是这种信念使卓越网熬过来了。卓越网的融资极其坎坷，他们甚至陷入了差点关门的境地。所以，这种信念使他们坚持下来了，最后成功地出售给亚马逊，这是雷军主动选择的。雷军觉得做什么事情都要先想清楚，如果能从信念上升到信仰的话，你就无所畏惧。

雷军很执着，但一直没站在风口上。别人做互联网的时候，他继续做软件，最后软件业整体不行了。在他一边做软件一边做互联网的时候，又错过了互联网发展的黄金时间，最后还被软件公司给绊住了。

雷军算是起个大早，赶了个晚集。

雷军是湖北人，在湖北本土人看来，湖北人性格中最大的特点是“不服周”。一般两个人打架的时候，把对手按在地上的人会问“服不服”，另一个人会说“不服周”，这是湖北人性格中倔强不易服输的特点，也是雷军性格的另一面。

这样性格的人不能忍受世界忘记了自己的存在。离开金山后，他做天使投资，成绩斐然。凡客诚品现在的估值已经达到10亿美元，UC浏览器和多玩网估值差不多2~3亿美元，其他投资公司加在一起肯定也超过1亿美元。如果雷军在这些公司平均占股10%~30%，如果再加上雷军在金山的股份，他账面资产早已达到2亿~3亿美元。

雷军投资的17家公司长势喜人。对于向来喜欢论资排辈的中国互联网，他又有了一席之地。雷军虽然成功投资多个移动互联网的单点企业，却一直缺乏一个平台型旗舰——移动互联领域成为他最想突破的地方。

雷军说，18岁时的理想一直没实现，心里不踏实。小米，就是让雷军心里踏实的那件事情。当然，有梦想，能坚持，信念就变成了信仰，一个人把自己所做的事情当作了信仰，就能无所畏惧，也能勇往直前。

梦想是一笔巨大的财富，背负着梦想上路的人注定很累，所以，要坚持，才能达到终点。

能否成功，很重要的就是心态

雷军曾经跟徐小平、何国全聊过一个话题：假如生命明天就会终止，你今天会做什么？

其实这个问题在讨论的时候，主要是跟创业者讲的，雷军说："假如生命明天就会终止的话，你今天还会创业吗？如果这一条大家能做出肯定的回答的话，我相信这个人一定是一个真正的、热爱自己事业、热爱创业的人。"而这样的人，从投资的角度来说，就是他所苦苦找寻的千里马。因为他认为，如果一个人不是从内心深处由衷喜欢自己所做的事的话，他很难做得好。

所以，雷军投资的一个重要标准就是人，他也在很多场合讲过，他投资是百分之百只投人。

投资就是一场赌博，赌博也是有技巧的。既然是赌博，就有很多不确定性，赌博的高手在于在不确定性中发现确定性。就投资来讲，最具确定性的，自然是人。人的特点，尤其是一个人在创业时的心态，对创业是否成功非常重要。

雷军早期投的几个人不仅是他的朋友，而且都有着成功的过去，有资源、不差钱、有能力，这些特点让他们完全具备了创业应有的心态。这些人可能空有一腔激情，但无处释放，雷军把他们称之为"二手玫瑰"。"他就像一根针，啪地一下把人从混沌的状态中扎醒，让你创业。"

这种人创业，不会急躁，不会冒进，不会轻易出手，也不会轻言放弃。而这正是成功者所必须具备的。

雷军投的第一个项目是孙陶然的拉卡拉。孙陶然和雷军相识是在1996年中关村组织的一次会议上，二人一见如故。2004年，孙陶然创业，联想投资找到雷军做尽职调查，雷军不但对孙陶然称赞不绝，还立马给他打电话。雷军判断是：他做什么都能做成，紧跟的一句是，“无论他做什么我都投”。

这话，2004年他对孙陶然说过，2005年对陈年说过，2006年对俞永福说过。雷军对认准了的人一贯如此。

陈年与雷军1998年就认识，后来共同创立卓越网。2005年陈年开始做“我有网”，雷军投资。后因对行业环境判断失误，“我有网”陷入困境，陈年放纵自己，干脆去写了本小说《归去来》。2007年联想投资总裁朱立南认为PPG模式适合再创业，雷军觉得陈年一定会再成功，于是投钱给他。

2006年，联想投资否决了当时的副总裁俞永福投资优视科技（UC浏览器）的提议，俞非常沮丧。那时候，雷军与俞永福相识一年多。雷告诉俞：“如果你从联想辞职来做UC浏览器，我就投。”

作为天使投资人，雷军有自己的立场。他对业界再三申明，如果你不是我的熟人，或者熟人的熟人，不用来找我看项目，我不会投的。因为项目与人的心态比起来，还是人的心态靠谱些。

创业成功需要有好的心态，而作为天使投资人要想成功，心态也很重要。

雷军曾经解释过为什么他的投资有很高的成功率。雷军认为，假如你投的是你微不足道的钱，投个几万元，或者投个一两百万元人民币，你能不轻松吗？如果你每一笔都是卖了房子、卖了车借来的钱，哪怕只投十万二十万元人民币，你可能压力都很大。所以做天使投资要用闲钱，要有闲心，输了没关系，你只有这样冷静的心态才能赢。我说的是真实的心态，输了没关系，就当你没投，只有这样的心态你才能真正把它做好。

在输赢面前保持淡定的心态，对成功很重要。雷军在谈到刚开始做小米的时候，说："刚开始的时候，我们认为自己肯定会走弯路，至少死一回。"雷军说，"初期所有人都做了输一回的准备"。

因为雷军的名声，经常有人向他请教成功的秘诀。其中有一个企业家，他自己做企业挺牛的，但当他投资的时候，投了一个项目，死了；第二个项目，死了；第三个项目，还是死了。他投第四个项目的时候，手直哆嗦，不敢了，因为投了三个项目全死光了，共赔了三四千万元。最重要的不是赔了那几千万元人民币，而是他失去了对投资的勇气。雷军问他："一般公司你占多少股份?"那人说："占80%。"

雷军说："如果你占不是80%，而是15%，那就不一样了。天使投资是凑份子，你找三个朋友，每人投一点，这样创业者三个人你们每个人拿15%，大家都很舒服。大家以舒服放松的心态来做这件事情，与紧张兮兮的做同样的事情，输赢的结果是不一样的。"

有这样一个故事：一个农夫牵着一头驴和脖子上拴着铃铛的山羊进城去卖，三个小偷看见了，一个小偷说可以把农夫的羊偷走，一个小偷说可以偷走农夫的驴，最后一个小偷更绝，说可以偷走农夫的所有衣服。

一个小偷偷偷地把羊的铃铛解下来，拴在驴尾巴上，然后把羊牵走了。过了一段时间，农夫发现了，于是到处找羊。这时农夫遇到第二个小偷，这个小偷说他看见那个偷羊贼往相反的方向跑了，于是农夫把驴交给第二个小偷看着，自己去追。当然第二个小偷把驴又给偷走了。在一个水塘边，农夫遇见了正在哭泣的第三个小偷。第三个小偷告诉他，他有一袋金子掉水里了，他不会游泳，如果农夫可以帮他把金子捞上来的话，他愿意分给他一半。农夫于是脱光衣服下水了，小偷抱走了他所有的衣服。

通过这个故事，我们可以勾勒出一个人的心态历程导致的输赢变化：在“大意”的年轻时代，由于粗枝大叶，丢失了很多；后来，又轻信了很多人的许诺，轻易冒进，直到遍体鳞伤；再到后来，急于成功，贪婪又让自己再一次上当，失去所有。

第二个阶段和第三个阶段是相辅相成的。按理说，轻信别人，受骗上当之后，应该是吃一堑长一智，应该不会进入第三个阶段，但受骗之后的觉醒，只是在智力上的提升，而人的贪婪与急功近利的本性不会改变。

并且，人性好赌，但并不是每个人都输得起。当经历过人生的第二个阶段时，人还有点资本，而所剩无几的资本，怎样才能让自己在最短的时间内翻盘呢？当然就是赌了。输不起的心态，让很多人选择了继续赌，继续输。贪婪和急功近利的心态支配下的人去赌场，输是必然的了。输急了眼的人，已经不会再按部就班，他们所有的想法就是一夜暴富。在这种心态之下，只要有人给他一个莫须有的承诺，然后再挖一个坑，他们就会义无反顾往里跳。

“我觉得这次能不能成，取决于我们的心态和决心。”雷军在谈到小米科技能否成功的时候说。因为雷军觉得，小米已经汇集了世界上最优秀的人才、最优秀的资源、足够的钱，能不能干成事情肯定取决于他们的心态。所以，自从小米开始做，雷军就要求每一个人对小米的事情守口如瓶。要求大家要低调、低调、再低调。在创办小米之前三四年，雷军的主业是天使投资人，他天天看到的都是失败的团队，所以他要足够小心，一定要有危机感，有好的心态，避免外界的干扰。

创建小米，可以说雷军是先具备了成功者必备的心态，然后才获得了成功。要想成功，得先有成功者的心态。

成功不是别人觉得你成功就是成功

为了18岁的梦想，雷军40岁开始“第二次创业”。他在新浪微博中这样介绍自己：“小米创始人，以前曾参与创办金山软件和卓越网，业余爱好是天使投资。”从2007年离任金山CEO后，他投资过UC浏览器、凡客、多玩、乐淘等十多家新锐创业公司，但熟悉雷军的人知道，他的野心绝对不是做天使投资人。

“什么是成功？每个人眼里的成功都不一样。我认为，成功不是别人觉得你成功就是成功，成功是一种内心深处的自我感受。我不认为自己是成功者，也不认为自己是失败者，我只是在追求内心的一些东西，在路上！”

雷军做金山的时候非常苦，大家都说他是劳模。他就把金山上市当作目标，当他登上山顶后，很落寞很无聊，所以就退休了。他40岁生日的时候，想起来有个18岁的梦，所以就创办了小米。

或许，当以社会功利的眼光来评价雷军的时候，他已经相当有成就了。当功利性的目标过多强调成就时候，就会忽视成就感。成就在于自己已经到达了哪里；成就感在于翻过了几座山，跨过了几道河。有不经历困难和挫折而获得的成就，但没有不经历困难和挫折而获得的成就感。成就，是以社会的标准来衡量的，而成就感，则是用自己的标准来衡量。

成就，甚至成功，都是可以直接给予的，而成就感则只能通过自己努力获得。

有成就的人，不一定就有“成就感”。貌似成功的人，不一定有成功的感觉。

已过不惑之年的雷军，面临着内心巨大的困惑，那就是他缺少一个让自己内心踏实的东西：“我原来不成功，今天也不成功，我可以做得更好，但是没达到。在我看来，我是失败的，很多人都说我是成功者，但我感受不到。我是一个成就驱动型的人，这样的人，能够忍受各种痛苦，然后前行。”

在雷军看来，有追求不一定有原则，有原则不一定有追求，原则和追求是两个意思，梦想是指内心的追求，当内心有目标，就会过得比较充实，内心没有目标，会迷失。今天我们这个社会有很多迷失，迷失之后就会没有原则。只要有目标，每个人都可以很伟大。哪怕扫地，把地扫得很干净，这也是一个目标。现在关键问题是，很多人连地板都扫不干净。

那雷军的目标在哪里呢?

“按自己的方法做事，而不是按别人的预期来做。”他说，“我想办一家好公司，而不是一家大公司，也不是最挣钱的公司，也许股东、员工有这样的需求和想法，但不是我的想法。”

他理想中的好公司，要有好的产品，要让用户喜欢，让用户变成发烧友和粉丝。他说：“中国真正有粉丝的公司不多，我想把小米办成一个有粉丝的公司。”而这个理想，他已经看到了雏形。

小米，处处体现着雷军对成功的这种理解。

在雷军看来，创新的本质就是自己热爱这个东西，钻研这套东西，然后把有相同想法的人聚集在一起。小米就是这种想法的体现。他把小米的群体分了两类：一个叫发烧友；一个叫泛发烧友。泛发烧友是指你可能不专业，但你得有专业设备。所以小米就是给贴了一个标签，不一定真正专业，但是有专业的想法，愿意选择带着专业气质和这种角度，这就是小米。

按照这种思路，小米取得了巨大的成功。在小米举行发布会之前，他要求市场部请1000名小米粉丝到场，市场部觉得有压力，计划用两周时间来邀请。结果邀请函发出去后，没有推广，两天报名人数就超过了1000人，还有粉丝说要骑几百公里的自行车来参加。无数人走后门、找关系想来参加，你能理解这种热情吗？一个新产品的发布会，有这么多人来要门票，本身就说明产品的吸引力，这是挺难的一件事。

雷军做小米，不仅仅是要让自己享受成功的感觉，也让每一个参与小米的人有成就感。雷军办小米的目的就是聚集这么一帮人的智慧，做大家能够参与的一款手机。当小米在网上发动过百万人参与，参与者提的建议如果被采纳了，就会觉得“这个功能我设计的，你看我多牛”。说得直白一点，小米销售的是参与感。有人发明了一个功能，会把办公室每个同事动员起来用小米，把家里人动员起来。他们觉得小米是他们的小米。

小米成了一个网友的圈子。后来延伸到组织各种各样的同城会活动。还有去小米之家做义工，义务帮着别的米粉服务，他们觉得很有成就感。这就是小米真正的精髓。

雷军说，这就是他所希望的。不需要卖很大的量，而是踏踏实实把产品和服务做好，否则：“就算百分之一的人骂你，也是铺天盖地的，让前面的一千人一万人喜欢才重要。我不认为盲目的追求量是一件能把公司做好的事情。”

对雷军来说，创办小米不仅是一次创业，更是心境上的一次自我调适的过程。

“被高度关注以后，人会自觉不自觉想做一些哗众取宠的东西，因为你总是希望能够引人注目，很多企业家都是差不多这样的。”在金山时长期处于高关注度的他，自己创业时就坚持一定要让自己心境平和，不会为了外界说什么做什么，影响自己的心态和判断。

所以他说：“你也就理解了我的困难和问题，你不能取悦每个人，总有人喜欢你，有人讨厌你，还有些诋毁你，这是你要付出的代价。”

集众人的成就感，让自己感到成功，这就是雷军做小米的方法，也是雷军做小米的目的。当所有的人都能在小米身上体验到成就感的时候，小米不成功也难了。

真正要感谢那些批评的人

“雷军说，用户不是上帝！”

“雷军说，小米将超越苹果。”

“华尔街日报说，小米是暴发户！”

……

这些捕风捉影的标题摆在雷军面前的时候，雷军也有很强烈的愿望点击进去看看。但他的心情比较纠结，因为他知道，很多人都在这些新闻下面的评论里骂自己。

谁也不喜欢被人骂，雷军也是如此，尤其是当他挨骂挨得很冤枉的时候。

但当小米一下子把雷军推到了前台，他说的每句话都可能被人听出话外音。比如说“用户不是上帝”这句，很多人就拿来做文章。这句话是雷军在员工大会上讲的：“我们要做好小米，就要坚持真材实料，坚持和米粉交朋友。我们不能把用户当上帝，要把用户当朋友。当上帝，太虚了。要把用户当自己的好朋友一样，帮助朋友解决问题。”

可是当有的媒体单单把“用户不是上帝”挑出来说的时候，味道就不对了。

还有，因为小米在国际上的影响力越来越大，美国知名的财经媒体《华尔街日报》采访和报道了小米。之前《华尔街日报》总揶揄小米是中国山寨企业，这次他们来采访小米，详细了解了小米，然后写了一篇报道《How Upstart Xiaomi Rattled China’s Smart Phone Race》，客观介绍了小米的发展和成绩，向全世界介绍小米的经验和历程，这次《华尔街日报》没有再说小米是山寨企业了，因为小米的成绩他们看到了。但是这样一篇报道，被国内的媒体翻译过来以后，标题就变成了《暴发户小米搅局中国智能机市场》。“upstart”在英汉词典里有两个释义，“新贵”和“暴发户”，感情色彩跟中文释义并不是一回事，《华尔街日报》说的意思，只是有人选择时会选“暴发户”……

不知道从什么时候开始，互联网社交媒体部分舆论空间中，吐槽小米似乎成了一件“政治上正确”的事情：周末开放购买，被上班族吐槽；工作日开放购买，被学生吐槽；预约排号，很快被排到 3 个月以后，赶紧叫停，被吐槽；每周开放购买，被吐槽搞抢购；6 月产能和需求达到平衡不用抢了，被吐槽卖不出去了；7 月降价促销，需求量大增，又被吐槽抢不到；有按键灯，被吐槽晚上晃眼；没有按键灯，被吐槽夜里找不着；跑分第一，被吐槽是参数党；一年后别的新手机跑分上来了，又吐槽性能不够高了……

面对批评，针锋相对的辩解会是一个职场新人惯用的方式，但这种方式，如果自己真的错了会让错误更加严重，如果自己没错也会让人感觉是心虚。

一个真正强大的人，不会在意些许的打击，一个真正正确的人，从不会匆忙辩解。或许，自己还不足够强大到忽略所有打击，但即使辩解，也要掌握正确的方法。

雷军在经历这些事件的时候，肯定不舒服。但是这些事情一个一个走过来后，雷军回想起来，觉得真正要感谢那些批评的人，至少这让小米能检查一下自己是不是有别人批评的问题，能不能做得更好。雷军觉得要感谢他们，正是他们让小米更加完善，而不是固步自封。

其实无论在中国还是在海外，总是会有人对创业者投向更多怀疑的目光。创业多数时候是在创新和试错，众人对创业者有疑问是正常的。雷军认为，面对舆论的质疑，充耳不闻不是好办法，闭目不见更是要不得。但是如何面对众人的嬉笑怒骂，保持和用户之间的良性互动，是当今每一个创业者的必修课。至于大家的吐槽，在这个社会里，每个人都很艰难，如果吐槽一下能让他感觉生活变得美好一些，那就随他去吧。小米还有很多工作要做，毕竟，能让大家用上更好的产品，还保持高性价比，还要继续大幅度增加产能……这些光靠吐槽是无法实现的。

一个人如何对待批评，不仅显示了一个人的胸襟，也显示了一个人的境界。面对四面八方的批评，一味抱怨和解释只能显示一个人的虚弱无力，而认真的倾听、有则改之无则加勉，则会借用批评和反对，让自己快速地成长。

想要做成大事，就要尊重批评，尊重对手。在自然界，如果一个物种没有天敌，那么他只能自己消灭自己，而且会比天敌消灭得更彻底。在职场上，如果一个人没有竞争对手，最终的结果也会是自己把自己彻底消灭。在商场上，能够正确对待自己的对手，甚至比能否找到朋友具有更不寻常的意义。能否找到自己的对手，首先反映了一个人能否在职场上给自己准确定位。

对雷军来讲，要感谢那些批评的人的一个重要原因还在于，小米手机太火了，有些负面的声音能够使消费者在购买的时候比较冷静。

小米在短时间里取得了令人难以想象的成长，这也出乎雷军当初的预料。他自己认为小米手机是一定能成的，这点雷军挺自信的。但第一款手机就这么火，这是雷军没有想到的。对这次创业，雷军一直想会遇到什么困难，会怎么样死，但从来没有想过有这么顺利。

而小米过火的背后，也隐藏着一个危险，那就是消费者会对小米期望过高，而一旦他们真正发现小米并不是他们期望的那样，就会在心理上跳水，这自然会对小米未来的发展不利。而那些负面的声音，很好地平衡了消费者对小米的预期。现在当消费者看过正面、负面的评论，这样买回去以后，给他们的感觉就是，小米手机可能是中等水平，小米手机还是非常不错的。拿到手机以后，远远超过他们的预期。假如没有这些人帮他们降低用户的预期，小米手机会被神化。小米手机还是一款高端的智能手机。智能手机非常复杂，完美的产品是没有的。

在商场上，来自各方面的批评更适合做自己的镜子，一个人在职场上如果不能正确对待批评，就无法真正认清自己。如果这么发展下去，人就会在一种沾沾自喜中迷失。

正确对待批评，对照批评检查自己，这样既节省了自己试错的时间，又能使自己变得更加强大。这是让自己在市场中尽快成熟的方法。

有决心才能做成大事情

有这样一个公司，前前后后做过十几项业务，结果都失败了，失败的原因可以用一个比较老套的故事来解释：一个人去挖井，前前后后挖了有十几处，有几处已经快挖到水了，有几处只是试掘了几下而已，但他得出的结论是：这里没水。

成功与失败是由结果决定的，如果没有达到或超过一个临界点，是见不到水的，也不会成功。而任何一项看似简单的业务，要想在激烈的竞争环境中获得成功，就需要付出100%，甚至200%的努力。

因为结果只能预想，所以，在对结果进行预测的时候，谁都无法100%的保证成功，这就导致了在行为上的恶性循环，既然不能保证100%的成功，就无法付出100%的努力，在瞻前顾后中，本来艰苦的创业者成了机会主义者，一旦遇到困难或者挫折，就给自己一个后退的理由：“这里没水……”

所以，一个成功的创业者必须要有决心，尤其在做前人没有做过的事情的时候。

“创新，就是做别人没做过的事或者做别人做失败了的事。”小米研发并在网上卖手机，就是做谷歌做失败了的事情。但小米没有走谷歌的路，找HTC、三星等厂商设计并代工。小米手机完全是自己独立研发，找优秀的代工厂代工，并取得了网上直销的成功。而在此之前，谷歌希望通过线上商店直接出售Nexus One的尝试失败。

创新是走别人没有走过的路，自然荆棘密布，所以，没有点决心是不行的。但不创新，永远做不成大事情。

小米是创新的产物。“不论是产品，还是营销，公司在创新角度都费了功夫。”既然是创新，就要不断解决问题，甚至要解决一些想象不到的困难。

不过产品热销的同时，关于小米手机售后服务能否支撑现有销量的担心逐渐升温，也有用户公开发出质疑。雷军也承认，做这样创新的事情，风险往往非常高。创新需要对失败的容忍，但也需要不断进行改善。

雷军说，为了搭建涉及物流、仓储及维修等网购售后服务体系，小米科技投入几亿元，这也成为小米公司的三大目标之一。

小米之家已在很多城市建成，基本覆盖主要城市。小米的特约维修点和服务网点也逐步增加，可为用户提供检测、维修等服务。这其中的每一项，都是一项系统工程，也都面临着意想不到的困难，每一项达到预期的目的，也都需要决心和勇气。

在手机领域，小米算是后来者，要想实现小米的目标，小米在产品、市场等方面还有很长的路需要走。在访问我国台湾地区时，雷军说：“HTC 规模比小米大很多，有很多地方值得学习，我们只是小师弟。”小米科技要走出中国大陆，成为国际品牌，势必会碰到 HTC 现在面对的专利问题。雷军表示，像是在美国、欧洲、日本和韩国等已开发市场，专利是很重要的游戏规则，所以小米关注这方面的议题。

不同于其他国际品牌，小米科技是走“互联网模式”，销售族群主要是手机“发烧友”，最大特色是可以让“米粉”一起开发产品。雷军表示，过去他曾经跟诺基亚高层反映手机问题，最后却无疾而终，因此小米科技特别重视米粉意见。他们落实“一周一更新”的策略，每周有两天规划、两天开发、两天测试，一个礼拜就更新手机软件，这对小米手机提出了新的挑战。

尽管如此，雷军从来没有动摇其方向。雷军称：“我从创立小米科技的第一天，就要做用户可以参与的手机。”小米科技是他四十岁的代表作。他说：“小米是我创办的最后一家公司，我抱着誓死不悔的决心，就是要让小米成为世界一流的公司!”

小米的产品模式，对小米来讲，也是一个严峻的挑战。

就目前入局的互联网企业而言，除了小米手机和盛大手机自产自销外，多数互联网企业采取与其他硬件厂商合作的模式：阿里巴巴与天语和海尔合作、百度与戴尔和长虹合作、360 则选择了与华为、海尔和阿尔卡特等合作。互联网公司这种接连涉足手机市场的行为，最初被媒体解读为移动互联网入口大战。但时至今日，越来越多行业人士对这一说法心存怀疑。

小米与其他公司最大的不同之处在于，小米背水一战的心态。

也正是这种决心，让小米变劣势为优势。对于大公司来讲，要资源有资源，要资本有资本。很多人认为，如果他们要做的话，肯定能在某些方面成功。但大公司对于新业务都很谨慎。谨慎是没错的，但试试看的心态决定了他们一开始就失败了。

大公司在开辟新业务的时候，注定会面临很多困境。首先成功者和创业者的心态是不同的。创业是自下而上的上升过程，而成功者再去创业的话，自上而下的俯视态度让他们很难进入创业者的正常状态。一个真正的创业者，是没有退路的，他们只有向前，而作为一个成功者来讲，他们可以有无数的选择，有无数的退路。哀兵必胜，创业者是背水一战的进攻者，而对成功者来讲，他们以防守的姿态来进攻。而且，任何一个成功者在开展新业务时，都不会百分之百的投入。作为一个成功的公司，他们一开始就害怕失败，因为一旦失败，新业务的开展难免有画蛇添足之嫌。所以，成功者在开展新业务时，一开始就背负了失败的阴影。

雷军曾经在接受媒体采访时表示，互联网企业做手机遇冷很正常，同时他也分析了小米做手机不会遇冷的原因。

“当前互联网企业做手机遇冷很正常，也可以理解，这些企业并没有小米这么大的决心来做这个事情。小米创办过程中我们创始人包括员工都掏了不少钱，投资人付了3.47亿美元，你问问那些做手机的互联网企业，有没有想过要用1800人，花3.47亿美元做手机？大家觉得雷军成功很容易，新的名言是雷军都能干，我们当然能干。但背后要想想为何雷军能够做手机，其他互联网企业做不成手机。”雷军说。

雷军的话很好地解释了小米成功突围的秘诀。

有人曾说：如果有足够的资金做保障的话，不管做什么，一般是会成功的。其实不然，在现实中，经常有那些资金实力都不占优势的后来者，却打败了那些财大气粗、经验丰富的大佬。市场只接受那些不怕头破血流的开拓者，而不接受那些试试看的旁观者。成功从来不容易，试试看的结果只能是失败。而只有有决心，才能办成大事情。

5

不要太把失败当回事

没有什么可以失去

雷军决定做小米，不是一件容易的事情，他其实焦虑过很多的事情。比如说要去做手机，但他以前从来没有做过手机，有谁相信他可以做手机？有谁愿意跟他一起去做手机？有哪个投资者愿意把钱给他去做手机？

但最终，雷军还是克服了心理上的障碍，迅速行动并坚持了下来。

其实，做大事之前，最怕的就是因为患得患失而心里没底。有一位军阀，当他处决死刑犯的时候，会让犯人选择：或者一枪毙命，或者从墙角的一个黑洞进去，听天由命。犯人大都选择一枪毙命，也不愿进入那个恐怖的黑洞。这洞里到底藏着什么恐怖的东西？一天，酒酣耳热之后，军阀揭开了谜底：“其实里面没什么，走进黑洞的人只要经过一两天的摸索便可以顺利地逃生了。”

黑洞的危险是自己主观意识强加的，对危险的恐惧大于危险本身，危险并不一定致命，但对危险的恐惧却可以致命。

已知的危险伤害的是人的现实，而未知的危险直接伤害人的心理。它让人止步，让人心里七上八下，让人错失机会。

要想战胜这种心理也不是没有办法，那就是把谜底揭开，把那个未知的“无底洞”装上一个底。有个底，就会让人放心，而不是揪心。

做小米科技的时候，雷军想得最多的是会不会输，创业过程中无数的人泼冷水，加上谷歌做手机失败的案例，使得很多人认为小米科技会没戏。对此，雷军给出了自己的理解：“谷歌做手机不成功，不表示小米做手机不成功，我们是第一家用互联网模式做手机的公司，和其他手机厂商相比，我们不靠硬件赚钱，而是靠后续的服务赚取收入。”尽管这样自己给自己打气，但最重要的问题还是没有解决。也就是如何让自己不再怕“输”，如何让自己放心大胆地行动。

如何才能让自己把揪着的心放下来呢？

雷军是这样想的，我们刚创业，我们没有什么可失去，我们就是一无所有，我们是无产者。我们每多卖一部手机，我们就多获得一个用户，多取得一个进步。我们最大的好处是没有包袱，我们在所有的竞争里面没有包袱，我们尽管往前冲。雷军在创办小米的时候，已经跟所有的合伙人和同事们有过承诺。就是小米公司是他这一辈子创办的最后一家实业的公司，他自己创办的最后一家。他想要专注地把这件事情做好。

如此一来，雷军就轻松多了，他卸下了所有的包袱，已经没有什么可以失去。在做完减法之后，雷军每走一步都是加法。雷军彻底放下了身段，即便失败也没有什么可怕的了。如此一来，雷军不仅放下了心，也放开了手脚。

不怕失败是成功的第一步。能承受失败的所有结果，也是迈出实质性一步的关键。接到同样一件工作，不同的人对待的态度不一样。有一种人，把所有困难都想象一遍，把所有不可能完成工作的条件也都论证一遍，最后告诉自己，这件事情自己做不了。

总想着把事情办好，本来是好事，但由于标准定太高，却始终没有行动。这就像先在墙上画上一个点，然后朝这个点射击，击中这个点才算成功。如此高的要求，自然让人迟迟无法行动，或者局限在一个阶段不断更改。

独木桥难过是因为步伐被限制在了一条直线上，因为有了这个限制，所以走起路来就不稳当了。秀才造反，三年不成，因为他们总试图在开始造反之前，把一切想得完美。如此想来想去，还没有行动，就被可能的困难吓倒了。雷军做小米，既然放下了一定要成功的包袱，有了“大不了就是失败”的豪气，行动也就相对简单了。

任何事情都不是容易的事，关键是要有解决困难的信心和破釜沉舟的勇气。

雷军说：“人生最痛苦的是两件事，第一件是得不到；第二件就是怕失去。小时候创业，输了无所谓；现在过了不惑之年，几乎所有人都变成怕失去。创业输了，我会输什么？不过就是面子，其实谁在乎？这个世界上每天都有人输，你能记住几个输掉的创业者名字？不要把这太当回事。”

在雷军看来，小米科技需要有承受失败的勇气，需要有乐观主义精神，这样才有创新成功的机会。而且小米做了别人没有做的事情，克服了这种怕输的心态，也就为其他人的成功打开了新的窗口。“我想说，我做的事情可不是这么一件简单的事情。”

这件事情的不简单，首先在于组建团队的困难。为了找到一个合适的人，他每天面试恨不得从早上谈到晚上一两点，仍旧迟迟找不到志同道合的人，这对雷军是巨大的煎熬，他每天都很痛苦。

但雷军终于坚持了过来，现在，不管前路的竞争有多激烈，雷军都看得很开。也正是这种看得开，才让他无所畏惧，既有年轻人的“无知无畏”，也有一个资深 IT 人的经验老到。

其实，小米从一开始就追求水到渠成的成功，而这要求小米一定要做得自然大方，而不是紧张兮兮。这也是小米成功的另一个秘诀。这就像一个人见一个重要的领导，总会莫名地紧张，总想把一切都做好，总想着不要出错，但越是如此，越容易出错。该说的话忘记了说，该做的事情没有做好。表情僵硬，动作失准。总之，一切都不是自己本来的水平，甚至表达的都不是自己的意思。之所以会出现这样的问题，是因为自己对自己要求太高了，从而刻意做作，失去了自然协调。

而雷军及其小米，破釜沉舟，背水一战，反而很自然地获得了成功。

我最大的优势就是我比别人失败的经历多

雷军是湖北仙桃人，比起乔布斯那种辍学创业、一举成名、二十多岁就成为亿万富翁的传奇经历，雷军的经历要平淡许多。他曾经是一个普通的程序员，"代码工人"，生平编软件的第一笔报酬不过区区50元。乔布斯第一次创业就打造出苹果公司，雷军第一次创业则以惨败告终。

雷军在小米成功后说："我今天的状态比上不足，比下略有小成。我最大的优势就是我比别人创业时间多，比别人吃的亏多，比别人吃的苦难多，比别人失败的经历多，所以，我最大的愿望是帮助别人少走一些弯路。"

成功并不是一朝一夕就能实现的。理想的实现是要失败、失败、再继续失败的。成功不需要太多，只要一次就行。但仅需一次的成功，想要抓住却是无比的困难。从失败到失败，不是简单的重复，也不是简单的量的积累，而是要实现自我质的飞跃。

在实现理想的过程中，就是要不断地在失败后进步，失败的代价如果不能换来进步，才是最大的失败。

很多人都说雷军在大学的时候很风光。在大学的时候，已经靠写软件赚了很多钱。雷军赚了点钱是真，风光倒是未必。1989年底，计算机病毒刚刚在国内出现，这引起了雷军极大的兴趣。为了解决学校机房染毒的问题，他和同学冯志宏合作开发出了《免疫90》，这是他写的第二款商业软件。

回忆起当时的合作，冯志宏说："当时病毒流行起来，就起了念头要做一个杀毒软件，两个人都有这个想法，就有合作啦。

当时的条件并不好，我们在外面的一个公司找了一台机器上机，两个人分工合作开发程序。因为寒假自由时间比较充裕，就选择了在寒假进行开发。武汉的冬天特别冷，每天我们都从武大骑车到那个公司去上机，风雪无阻，脚也生了冻疮。放假时食堂吃饭不方便，就经常自己动手煮波纹面。直到几年后雷军还在提‘冯志宏煮的波纹面很好吃’。”

雷军在金山也是一场苦难之旅。1991 年 11 月 4 日——雷军说“我永远记得这一天”——一个计算机展览会上，雷军见到了他仰慕已久的 WPS 之父求伯君。两人一见如故。第二次会面是在北大南门的全聚德。当时，求伯君向雷军发出了加盟邀请，雷军也在内心询问自己加入金山的理由。“求伯君因为写程序，在金山成功了，而且是打工成功的。金山如果能够造就一个求伯君，就会造就出第二个、第三个。”就这样，雷军跟随求伯君离开北京，去了珠海。

在金山，雷军牵头做“盘古”软件，结果成了金山一大败笔；曾在中国市场处垄断地位的金山 WPS 软件，被微软 Office 挤到濒临消亡的地步；互联网大潮来临，雷军拒绝收购 QQ，又一次错失互联网的大好机会。以上经历，丝毫看不到雷军成为雷神的潜质，倒是在对的时间做了无数的错事。

这时雷军最值得称道的就是他的坚持、他的劳模精神。

虽然雷军在金山的坚持被很多人诟病，连雷军自己也非常不认可，但雷军这种在“错误”上的坚持，在让其“失败”的很彻底的同时，却也为其以后的成功埋下了伏笔。

错了也要抓两把沙子，这是对任何想干成事业的人提出的要求。一旦做出决定，就坚决执行，即便错了也要执行。

半途而废的错误，是最大的错误。比如，我们决定用锤子敲击一个杯子，并且决定要敲20下。敲到10下的时候，有人就说，我们错了，敲这个没用，我们停止吧。这个不行，说20下就20下。可能有人觉得这样做没意义，其实不然，敲20下，我至少知道这个杯子能承受某种力度的敲击20下而没有问题。错了，至少要知道哪里错了。错误也是一个公司不可多得的财富。要通过试错来达到正确，必须认真对待每一次错误，分析每一次错误当中的数据。在公司运营上来讲，错误也怕半途而废。

金山的日子，虽然难熬，但雷军没有放弃。

到了1997年9月WPS97的成功，更多就是依靠雷军在市场上的成功。但此后金山一度落上了“不踏实”的名头，便是因为金山的市场推广能力远远超过了人们以往对金山的想象。

但是1993年WPS遇到了WORD的挑战，Office95中文版成为了DOS版WPS的最后终结者，WPS跌入了其历史发展的最低点。

“1995年的经营额几乎还没有1994年的三分之一！我们在珠海刚买了一栋楼，最旺盛时里面有两百多人在工作，可是到1995年最困难时却只有二十几个人！”回首当年，雷军直言：“那年，我失去了理想，而没有理想对于一个年轻人来说，是最郁闷的事情。”雷军最郁闷时，经常每天下午跑步五公里，对着天空大喊：“我是最棒的！”

当时的金山账上已所剩无几，为了保证WPS97的顺利开发，求伯君将1993年张旋龙奖励他的别墅作价200万元人民币卖掉了。为了生存，1996年前后，金山还给微软这个一直的对手打过工，金山为Windows CE做汉化，挣了100多万元，后来金山还做过微软的浏览器 IE4.0 的测试工作。

虽然金山经历并没有实现雷军的宏伟梦想，但是金山的经历对雷军影响深远，看看雷军做小米公司这三年，他吸取了很多金山时期的教训。

雷军一直认为，他在金山的种种不顺，是因为他有点“逆天”。小米公司是顺势而为的产物。雷军相信，未来十年是移动互联网的时代，智能手机将逐步取代功能手机，这是趋势。而手机发烧友雷军用过几十个手机后，没有特别满意的，这是空间。再次，雷军有资本和人脉，这是资源。

金山的艰苦岁月对雷军最大的影响就是他彻底认清了一个道理：一定要做最肥的市场。

可以说，如果没有在金山的痛苦，就不会有以后小米的顺利。虽然雷军一再强调，成功要靠运气。其实，要想成功，没有运气是不行的，单靠运气更是万万不行的。

在成功的道路上，一切都可以省略，唯有失败不可省略。失败，才是成功者的必修课。

从来不会有其他人对自己的失败负责，也就没有其他人为自己的失败思考，自己才是最大的利害承受者，而对失败的反思要想转化为进步，必须是深入骨髓的。这种反思只有自己才能做，也只有自己才能做到。

如果失败了，即便有无数个理由可以把失败归咎于别人，即便也说服了自己、说服了别人，让所有人相信失败不是自己的错，但最终对失败负责的，还是自己。

在唠唠叨叨的推卸责任中，得到的是不负责任的宽慰，失去的是对自己改进的机会。得到的是对过去失败的原谅，失去的是下一次成功的机会。

清朝张潮在其《幽梦影》中说道："景有言之极幽，而实萧索者，烟雨也；境有言之极雅，而实难堪者，贫病也。"

人生的个中滋味，只有自己知道，人生的一切成败，只有自己负责。

别因为没做过而让自己遗憾

从大学时起雷军就在创业，到了40多岁他还在创业。他可能比很多创业者幸运，因为他曾经有过几次成功的创业。但对雷军来讲，每次创业的失败概率和第一次创业是一样的，相比别人来讲，他有更多的经验，但这些经验，闹不好都是陷阱。

面对可能会让自己身败名裂的失败，雷军还义无反顾地选择了上路，因为雷军真实的想法是：别因为没做过而让自己遗憾。

被誉为互联网活化石的雷军，其实有太多的遗憾。

雷军曾公开表示，自己不是一个善于在逆境中生存的人。他会先把事情想得非常透彻，目的是避免自己将来陷入逆境。这个性格因素导致他在金山一待就是15年，眼睁睁看着数位后来者居上。

金山公司可能算不上是雷军的公司。比如与投资界打交道不多的唐光宇，在和雷军见面之前，一直不知道雷军和金山的确切关系："我一想到金山公司的灵魂人物，就想到求伯君，他是第一代程序员的偶像。"

2007年，在金山公司上市两个月后，雷军觉得自己"还完债了，报答了求伯君的知遇之恩"，从金山公司辞职了。

此时的雷军，满心的不服气。

“1998 年腾讯创业，1999 年李彦宏创办百度，1999 年末阿里巴巴创业。我们坚持 WPS，但却错过了整个互联网。”雷军说，当年他把所有优秀的人才都派去做 WPS，所有以战养战赚来的钱全部用来养 WPS，这让当时的金山，“背了一个巨大包袱在长征”。

雷军坚持做 WPS，这让金山跟互联网擦肩而过，而金山后来所有的艰难痛苦，跟这个决定密不可分，包括后来金山杀毒软件面临 360 免费挑战时的困境。

“我很内疚，那个决定是我 10 多年前做出来的。后来我反复思考，假如我们不做 WPS 呢？”雷军说，他当年的那个决定称为“不顺势”，顺势就应该做互联网。可是当时输了不服气，要扳回来，所以才会做那个决定。

“改革开放 30 多年，有无数次这样的机会，比如 90 年代去深圳炒股票，去海南岛炒地皮，比如一大堆，可惜我一个都没有捞着。”

曾经错过的遗憾，是催促雷军再次上路的重要原因。

在小米公司，有这种不服气的，不仅仅是雷军一人。在加入小米之前，雷军、刘德、周光平等人，多少都有点壮志未酬的不甘和遗憾。

来小米之前，刘德有一个光鲜的简历，他在大学教过书，创业做过设计公司，设计的作品多次在国内外获奖。

不过，刘德也很遗憾，他有时会跟家人讲：“这个时代，站在风口浪尖上的是互联网公司，我们这些做工业设计的，没能和互联网搭上关系，着实是个遗憾。”

2010 年秋天，37 岁的他见到雷军，对方告诉他，要做一家移动互联网公司，主要产品将包括互联网手机。这个事儿足够大，刘德动心了。

周光平的故事也差不多，当时已经年过半百，在摩托罗拉工作将近15年。但是，随着苹果公司的崛起，以摩托罗拉和诺基亚为代表的传统手机厂商颓势明显，周光平非常失落，他离开摩托罗拉去戴尔了，后来辗转来到了小米。最终，他们都赶上了小米这场盛宴。

任何时候，都不要因为错过、错了而放弃。错过了不可惜，真正可惜的是因为错过了而放弃了追赶的努力。

错过对人生最大伤害在于让人永远失去了起点。一个人一生当中会有无数次错过，并且每次错过都是有理由的。或许有些理由是客观的环境决定的无奈，但更多的是自身的主观上努力不够而导致的错过。所以，很多人都在为曾经错过的人、错过的事而惋惜，甚至痛哭流涕，但错过也是一种习惯。

当只有过去或未来还有点美好，那么现在就只能被错过。错过是一种命运，决定这种命运的是人的个性。当然决定个性的，就是那些习惯。

人一生当中，不可能不错过，错过与错过本身并没有什么大的差别，关键在于对待错过的态度有天壤之别。有些人用错过来否定现在，有些人因为错过而珍惜现在。

在经历过错误和错过之后，雷军体验过绝望和迷茫，现在，借助小米公司，他终于坐到了互联网第一排的位置上。作为互联网行业的“老革命”，与百度的李彦宏和腾讯的马化腾相比，这多少显得有点大器晚成。

如今的小米，已经出现一个大公司的雏形。

雷军和他的高管们都相信，小米公司还处于起点。“现在小米只展开了它框架的十分之一，除了速度超过预期，至于规模、节奏、发展模式等，都没超出雷总最初的设想。”小米公司联合创始人、副总裁刘德说。如此宏大的开篇，可见雷军确实是在干一件“不让自己遗憾”的事。

雷军曾下了个结论，小米不可能再失败了。刘德也有同感，他打了比方：“小米公司就像个飞机，起飞的时候比较颠簸，但是现在飞得越来越高，到了平流层了，稳多了。”如今的雷军正站在时代的风口浪尖上，显然是憋着一口气，但这口气不只是运气，更是不服气。接受过雷军投资的创业者唐光宇说：“只有了解了雷军在金山公司的艰难经历，才能真正了解雷军。”

“没想过干不成。”刘德说，“我们有这么大的决心，这么强的团队，如果我们干不成，就相当于做了一个实验，告诉后来者，这条路走不通。”

只要肯努力，什么时候都不算晚。人生本来在同一起跑线上，有的人开始跑，自己没有行动，现在别人跑在前面了，这时，自己不是奋力追赶，而是自暴自弃，放弃了奔跑。其实，成功本来没有先后，只要开始跑，到处都是起跑线。

很少有事情真的是来不及，很多事情是因为不愿意。

最可惜的是今天放弃了努力，最值得谴责的是现在还不努力，而不是昨天没有努力。

人，不要因为能做而没做而让自己遗憾。

给创业者一个“输”的机会

雷军认为，创业者百分之八九十以上都会输，他们一定会输一场，只有在第二场才可能找到感觉。因为他在第一场会觉得，我有足够的资源，我是战神。结果死得一塌糊涂才找到自我，很少有人一上来就抓住机会成功。

周鸿祎曾经说过，每天早上太阳升起到晚上太阳落下，中关村就有十家企业诞生；每天早上太阳升起到晚上太阳落下，中关村就有九家公司关门。所以，创业失败是必然，成功是偶然。理解和支持创业失败者，才有最好的创业氛围。

其实失败对每一个人都是很大的创伤。人们总是爱讲谁谁谁失败了，怎么怎么样。其实这也是一种伤害。所以，雷军呼吁大家要有一颗对失败包容和理解的心。只有如此，才会有更多的人创业，也才会有更多的人创新。

雷军原来是个棱角分明的人，但是经过二十多年商业训练，现在看起来比较圆滑了。其实骨子里还是一个完美主义者，永不妥协。否则 40 多岁了绝对不会再折腾，再创办一家什么企业。

雷军对别人的失败是宽容的。作为企业家和投资人，雷军两个角色是一个整体。在雷军看来，先做企业家，然后去做投资，最大的好处就是可以向创业者学习很多东西。他跟最前沿的创业者交流，更重要的是鼓励那些失败者，当他们输掉了一百万元的时候，会跟他们说："兄弟，没关系，那一百万元我们多得是。"然后说，"兄弟，要不先去度个假，回来再想一想，咱们还能不能再干？"

雷军认为，对整个社会来说，最需要的是能够宽容对待失败者。因为社会给失败的创业者不够宽容。

雷军不仅对别人的失败宽容，也宽容自己的失败。决定做小米的时候，雷军知道可能会死，而且会死得很惨，但雷军决定还是给自己一个“输”的机会。

后来，雷军回忆起当时的境况时说：“我能不能做手机的互联网品牌，通过互联网做一款手机？举一个简单的例子：我能不能做一款全互联网销售的手机？可能大家觉得这个事情不复杂。大家知道，我开始做的时候，无数人给我泼冷水，那时正好是谷歌做 Nexus One 在网上失败的时候，大家觉得没戏。我想谷歌做 Nexus One 不成功，不表示我们在互联网做小米不成功，所以我觉得真正的创新需要我们，需要我们有承受失败的勇气，需要我们有乐观主义精神，这样我们才有创新成功的机会。”

敢输的人才会赢，不敢输的人注定没有赢的机会，不宽容输的社会很难创新。雷军指出，现在中国社会都在谈创新，创新就是做别人没有做过的事，相信每个人都愿意创新，但为何整个社会创新不足呢？对此，雷军给出答案，创新是一件很有风险的事情，绝大部分的创新都会是失败，对每一个创新者来说，最大考验是有没有承受失败的勇气。

对于大公司来说，大家都在求稳、求顺利完成 KPI（企业关键绩效指标），大家都倾向于选择保守的方案，不喜欢做高风险的事情，所以创新在大公司里面十分稀缺。小公司没有资金、缺乏资源，如果想要生存就必须创新，但是大多数创新又会失败，所以小公司需要有容忍失败的环境存在。

“我们一直都提倡成功，但是更重要的是要能够包容失败。”作为天使投资人，雷军一直在鼓励那些创业者大胆行动，大胆创新。他不怕他们会失败，而是害怕他们因为怕失败而不敢行动。雷军认为，失败了不要紧，还可以从头再来，如果连续干了好几回，都不成功，那只能说明不适合创业，那也没有办法。雷军投资的是人，他不在乎做的项目是什么，他认为在中国，在今天的中国的创业市场上，缺的是执行力不是主意，说主意他一拍脑袋就是一万个，最最关键的是有了这个主意你可不可以执行出来，或者说即便是失败也敢执行出来。

雷军呼吁整个社会宽容对待失败者，并为失败者鼓掌。他指出，宽容失败就是整个社会对创新的一个重大贡献。如果整个社会很鄙视失败者，有谁去创新？这个社会不能只给成功者鼓掌，因为成功者不见得是创新者，成功不一定靠创新。

雷军认为，对每一个创新者来说，最大的考验是有没有承受失败的勇气。对整个社会来说，能不能够宽容地对待那些失败者，为那些失败者鼓掌，这是整个社会对创新的贡献。如果整个社会很鄙视那些失败者的话，还有谁去创新呢？

而一旦社会上真正有了创新之后，大家要以更宽容的目光去看待，而不是去苛责。

现在小米手机已经上市了，很多用户开始使用，有人告诉雷军小米也没啥创新嘛，雷军觉得很无奈。可能很多人对创新的理解都是要颠覆、要石破天惊，但事实上雷军在规划小米手机的时候，已经融合了很多创新点在里面。

第一个创新，是在互联网上塑造一款手机品牌，完全通过线上渠道销售小米手机。之前谷歌也尝试过这种方式，但是失败了，大家都认为小米也不可能成功，但是目前小米销售情况很不错。而且应该看到，纯粹通过在线渠道来做，确实存在难度，这包括用户不能拿到真机体验、尝试就要下单购买，这需要提前让用户全方位了解产品，同时让他们信任小米。

第二个创新，是小米手机不靠硬件挣钱。在同档次的手机里小米手机很便宜，但是之后小米会通过互联网服务来赚钱。

第三个创新，是小米手机的操作系统可以快速、持续升级。因为雷军认为，手机可以替代 PC 成为大众最常用的终端，这样看来操作系统需要不断升级。截至目前，小米的 MIUI 已经发布了超过 40 个版本，通过不断的升级来满足用户需求。

综上所述，小米的创新不是一鸣惊人，而是通过一步步的变化来实现。小米手机给整个手机工业带来的影响，也是从小的想法和细节来切入的。

给自己一个“输”的机会，让小米终于放开手脚，大胆创新。

给创业者一个“输”的机会，让雷军在天使投资领域做得风生水起。

因为给了“输”的机会，让雷军终于“赢”了。

轻松一点成功，别那么累

雷军曾经一直思考过一个问题，就是怎么能够轻松一点成功。雷军认为，如果一个人觉得自己的生意做得特别累，可能多多少少有点问题。雷军投过一些小公司，最怕的情况不是公司没钱快关门，而是不死不活的公司。他最怕的就是只挣个几百万利润，浪费时间。他认为一个优秀的创业者，首先要有办一流的、伟大企业的雄心壮志。

曾经的中关村劳模，能有这样的想法，也是逼不得已。

1998 年，求伯君推荐雷军出任金山 CEO。雷军说，从那时起就感受到了巨大压力。他开始拼命工作，并发誓要成为中关村最好的 CEO。

在雷军带领下的金山，所有的人都被一种激情感染着，金山所在柏彦大厦20层深夜的灯光成为北四环夜晚一道不灭的风景。1996年，在微软Office和盗版的双重挤压下，WPS遭遇困境，整个公司前途堪忧。雷军得出了要生存就必须转型，要发起“游击战”、“阵地战”、“以战养战”的策略。此后多年，雷军一直带领金山在不断的转战中寻找着公司发展壮大的途径。

在中关村、在中国IT业，做一家小富即安的公司显然不是雷军的目标。曾经一无所有躺在地板上梦想着要做世界一流企业的雷军，在担任金山CEO之后，更是一直在寻找把金山打造成一家国际企业的方法。

雷军接受的教育让他笃信：不怕苦，不怕累，人定胜天。

雷军一直活在他这一代人的宿命里，他一直接受这样一套规范：从好学生到好员工，从好员工到好领导。他从未对这套规划和体系产生过任何怀疑。在他的带领下，金山软件、金山游戏、金山的电子商务，都做到细分领域前几名，但是，金山依然成不了一流公司，甚至连IPO（首次公开募股）都要苦战若干年。

但现实总是很残酷，“中关村也许太拥挤了。”雷军说。为了摆脱这种拥挤带来的恶性竞争，发掘更大的市场，从1998年起，雷军走访了20多个国家，一些产品也小规模输送到海外市场进行试点。直到2005年，雷军觉得时机成熟，开始把国际化真正作为金山与“技术立业”同等重要的战略来实施。雷军为金山制定的国际化拓展方案：以日本为试点、东南亚全面铺开、挺进英文市场、最后进军欧美。

雷军做得很努力，但也很累。从1998年联想注资，雷军担任金山CEO起，就背上了一个必须完成的任务——日后被老金山人称之为“不可能完成的任务”的重担——上市。这个过程持续了8年。2007年10月9日，金山在香港主板成功上市。当胜利的欢呼涌来，雷军内心的起伏却被悄悄掩盖。他终于察觉出了自己的疲惫。上市之后，董事会给雷军放了4个星期的长假。这在之前16年中绝无仅有。

4个星期之后，雷军再回金山。“但是我仍然感觉身心疲惫，这种状态下，我怕辜负了刚刚取得重大进展的金山。”除了身体状况之外，雷军说服董事会的另一个理由是：“我是创业时期的CEO，现在金山上市了，变成一家公众公司，是守业和继续壮大时期，这个时期对CEO的要求和创业时期并不一样。”为了寻找更适合的CEO，为了让金山继续他的光荣和梦想，雷军牵头成立了委员会，开始挑选继任者。

当时的雷军，已然知道金山和自己都已经偏离了应该的发展方向。他眼中的金山应该是这样的：不再没完没了地卖盒子软件、不再没完没了地推出新的产品包，而是把营销、研发都植根在互联网上，充分把握互联网的口碑效应和人际传播，用高品质的软件产品以及便捷、完善的服务来支撑公司业务发展。

其实，雷军对自己方向的怀疑早就开始了。他先是对他早年所接受的教育产生了质疑。那是雷军第一次去香港，他发现凌晨3点街头很安全，并非传说中的黑道横行，他第一次崩溃。

此后，他去美国待了几个月，发现外国跟自己的想象和别人口中的传说的确不一样，他又崩溃了。曾经支撑雷军人生价值的基础开始瓦解了。“你叫我说什么好呢？我们整整一代人，都挺可悲的。”

这种怀疑到后来，就衍变成了对金山的商业道路和价值体系的质疑。“其实在金山后期我就觉得不对了，当你坚信自己很强大的时候，像坦克车一样，逢山开路，过河架桥，披荆斩棘。但是当你杀下来以后，遍体鳞伤，累得要死，你在想，别人成功咋就那么容易?”

反思很快就有了结果，雷军说自己曾经是“不怕苦，不怕累，人定胜天”，但现在他决心要换一种活法，“我们找对了一个风口，连猪都能飞起来的风口。能引起这么大的关注，有这么多人知道，就是形势比人强”。

所以，对于IT界的劳模这个称谓，雷军如此回答：“现在大家把我誉为IT界的劳模，我说什么是劳模？就是无能，有本事就不用做劳模了。”雷军考虑了两三年的时间，在2006年他想明白了很重要的两点：第一点，成功靠勤奋是远远不够的，最最重要的是找到一个大的市场，顺势而为。换句比较通俗的语言来表达，就是找一个最肥的市场，然后等待台风，也就是雷军经常讲的“台风口”。雷军觉得成功，尤其是大成，跟这个是高度相关的。所以，他觉得有时候不要羡慕那些成功者，其实他们不过就是运气好，碰到了一次“台风口”而已。有了“台风口”以后才会靠本事，看怎么能飞着不掉下来，那是本事。但是，要想飞起来最重要是“台风口”，没有台风的时候，无论怎么努力，都飞不起来。

为了轻松一点成功，雷军努力寻找着下一个风口。小米，就是雷军选择的这样一个风口。

小米是他40岁以后创办的一家新的企业，在2010年10月创办小米，2011年10月底第一次发布。2012年，他们做了126.5亿元人民币。

所以，很多人就说，小米怎么这么厉害？其实雷军并不这么认为，他想跟大家分享的是，不是小米厉害，是小米运气好。小米的团队不错，产品不错，甚至营销也不错，服务也还可以。但是，雷军认为最最重要的是小米遇到了一个“台风口”，这个“台风口”就是一头猪都能飞得起来的“台风口”。如果你的企业想获得成功，就得在这个能力的范围里寻找属于你的“台风口”。

如今的雷军，已经不再是那个“有公司没家”的雷军了。雷军现在创业跟以前要求的不一样，现在创业的雷军第一反对通宵加班，反对一周工作七天，无论如何给家人留一点时间。因为在雷军看来，只有轻轻松松地成功，才能是大成。

快速试错，快速前进

一个下雨天，有三只猴子找地方躲雨，忽然它们发现了一座房子，但房门关着。三只猴子于是在雨地里讨论，看怎样才能把门打开。讨论了半天，也没商量出一个好办法，这时，雨停了，忽然刮过一阵风，把门吹开了，原来，门根本没锁。

凡事预则立，不预则废，但很多公司就死在了这个“预”上。面对未来，他们总是在无休止地讨论可行性方案，到最后，可行性还没论证出来，公司就已经不行了。

实践是检验真理的标准，谁对谁错，与其无休止地讨论，不如直接试一下。雷军做卓越网的时候很喜欢看《我的父亲邓小平》。于是，他逼员工卖这本书，但卖得却不好。雷军得出结论，商业就是如此，对于产品的销路，绞尽脑汁去想象，其实大可不必，因为销路好不好，试一下就知道了。

发展，是不断试错的过程。如今，在风投的支持下，互联网公司更注重快速发展和交互而不是结果，不同公司又选择了不同手段，切入到不同的互联网领域。这些，即使在互联网圈子里，也有很多人不理解。免费、收费？轻资产、重资产？先有鸡，还是先有蛋？先圈用户，还是先盈利？这些都可能受到专业人士的质疑。但不论怎么怀疑，整个互联网行业都在不断试错中快速前进。

这种互联网快速试错的模式，其影响已经远远超出了互联网本身，正在影响着越来越多的行业，影响着越来越多的产业链环节，推动越来越多领域不断前进。

试试，是解决很多问题的起点。但很多人还是在试试面前耽搁了下来。一步踏上十级台阶是困难的，但一步踏上一级台阶(除非台阶不是让人攀登的)，却是能轻易做到的。如果总是眉毛胡子一把抓，总想一口吃个胖子，结果是老虎啃天，无从下口。只知道一步到达不了目标，却从不考虑要分成几步到达，更迟迟没有开始迈步。

再轻易的事情，如果不去做，永远不会完成，再困难的事情，只要一步步去做，总有一天会解决。所以，困难面前，最缺的是行动。当然，行动不是盲目地行动，而是有步骤，有计划地行动。

所有的工作面临的最大的困难，其实并不是工作本身，而是面临困难时的急躁。欲速则不达，这个道理人人都懂，但这样的错误却最容易犯。当一件需要分成十天来完成的工作，被一股脑的摆在面前的时候，本来很轻松的工作，却一下子变得困难了。而这困难，主要的还不是现实的难以解决，而是自己放在心理上的压力。

很多的失败，并不是因为行动，而是因为从来没有行动。

最大的错误，是连错误的行为都没有。

雷军曾经总结出这样一个经验，那就是互联网忌讳布局，也就是不断对困难进行预估，对风险进行规避，对未来进行筹划。互联网是高速发展的产业，计划根本跟不上变化。所以应从单点切入，一点点长大。“在做产品的时候，先寻找一个有很大用户需求的点，再一点点扩张开来。”不过，单点切入非常强调速度，要快速试错。按雷军的经验就是：“快速迭代，方向掌握不对就快速调整方向。”互联网创业不是先论证出可行的思路，而是找到一个方向，迅速从一个起点切入。马云做阿里巴巴的时候，只知道那是一个大方向，至于怎么做成，他自己也不清楚；马化腾做腾讯的时候，甚至要把腾讯做成什么样子，他自己都不清楚。

雷军做天使投资，也在践行快速试错的原则。

雷军认为，当开始有计划做一个天使投资人的时候，就应该想到天使投资90%是死，所以做的时候一定要有信心，最少要投10家，这样总能蒙到一家，运气不好，前9家都输了，这也正常，万一最后一个是Facebook呢？不就一把挣了19999倍吗？前五个都不好，第六个好了，第七个好了。所以做天使投资最最重要的是，要有计划地多做几个。

雷军认为天使投资最核心的理论是六合彩。雷军曾经跟硅谷挺有名的一个投资人阮康伟交谈。他说过去的五年里面，投了250个项目，比如说Twitter，很成功，他们投了，但只投了2万美元，因为天使投资是一个非常高风险的事情，所以在美国都是3F投资的，更多的是几个朋友凑份子，支持一个兄弟去创业。如果赔了也没关系，赔了几万块钱而已，如果赚了呢，就成了神话。美国就是一代一代的塑造天使投资的神话，最传奇的就是有人投了50万美元给了一个叫马克·扎克伯格（美国社交网站Facebook的创办人）的大学生，后来这个公司上市了，他们赚了2万倍。

在天使投资领域，既然90%都是失败，那么，所有的行为中，只有10%正确就可以成功。天使投资，就是要不断试错。诺基亚当时不看好乔布斯的手机，就是因为试了一试后，发现苹果不抗摔，据此判断它没市场。于是诺基亚就做了一个错误的决定，没有进入这一方向。结果诺基亚就逐渐淡出了手机市场。在任何领域，轻易判断而少于尝试，都会是诺基亚这样的结果。

从自己和他人的失败经验中，雷军总结出：第一，投一笔不是很多的钱持小股；第二，最多再借一倍的钱，要止亏；第三，想做天使投资人就要明白没有人投第一个案子就会是Facebook。

雷军投资的时候，很多人跟他讲的故事和他最终开始做的事已经有很大的差别。但雷军觉得这其实不重要，重要的是找到自己认为可以持续投资的人，所以雷军在跟很多创业者沟通创业的时候，他会说："我投资你四年时间，投资200万元人民币，如果第一个公司砸了，第二个公司我也有份，继续投你200万元，在这四年里面干的事情我都有份，因为我投资的是你的时间，我也不可能整天看着你，如果第一年试，这个方向不合适，没有关系，早死早超生。"有时甚至投2千万元人民币，死不掉，就再给他200万元人民币，半年就可以让他死了。"早死早超生"，这是雷军做投资经常说的一句话，公司死掉了，证明这条路不行，就再选其他的路。真理总是在不断地试错中获得。

即便是小米，在外人看来，好像是在一夜之间崛起的，其实不然，他们在走上正确道路之前，也经历了不断试错的过程。一开始小米并没有为自己找到恰当的占领手机阵地的入口。他们曾经做了一个小产品：小米司机，供用户下载安装到手机查违章记录。结果用户体验极差，如果没有违章，用户查不到任何结果，有违章的话，用户又超级郁闷。雷军对此一经察觉，立即放弃。还有其他一堆产品，做得快，放弃得也快。

其实，解决困难，并非都需要天才的智慧和勇气，更需要的立即行动。因为只有行动，才会试错，只有不断试错，最后才会发现什么是正确。

抱怨没有用

雷军说："我经常听到有创业者抱怨，大公司复制了他们的产品，让他们无路可走。其实，在办小米之前，我一天到晚在想，假如腾讯干了，我会怎么样，假如百度干了，我会怎么样，假如阿里干了，我会怎么样?"

后来雷军发现，一定要面对现实，创业就是需要在现有的环境下，找出新市场，抱怨没有用。创业者不能寄希望于大公司犯错误，而应该在大公司的缝隙里面找到机会，努力地把东西做到极致，做到别人没办法抄的程度，才有了生存之道。

抱怨是面对困难和挫折最错误的选择。一个人如果不停地抱怨，此人工作的积极性与效率自然会降低，一个团队成员如果不停地抱怨，那么团队的工作就会停滞，如果一个公司中抱怨盛行，那公司自然也就该关门大吉了。

如果不能消除抱怨，还会容易在同一个坑里跌倒两次。当然，人不大可能在同一个坑里，刚爬起来又跌倒了。但如果在周围转悠了一圈，又回来了，最容易跌倒的地方，其实还是这个坑。人性是有弱点的，在一个地方跌倒有偶然的原因，也有必然的原因。偶然的原因的大多是客观的，但必然的原因则大都是主观的。跌倒的地方，自然客观上路不好走，主观上，则是因为不好走的地方正好击中了人的弱点和缺陷。

跌倒之后，最需要的是抓紧时间找原因、想办法，而不是环顾四周，找人倾诉，四处抱怨。找到让自己跌倒的客观原因是比较容易的，但越明显的客观原因，越容易让自己忽视了跌倒的主观原因。主观个性上不加改变，遇到相类似的情形，自然会再一次跌倒。抱怨是把失败的原因外推到客观，主观上不加改变，再遇到同样的情形，定然还会跌倒。

只要走路，就会跌倒。雷军在大学就跌倒过。“大一写了一年的稿子，却一篇也没有发表”，心有不甘的雷军开始长期在图书馆研究不同媒体的版面风格，什么稿子能够上，什么稿子不能上，“差不多琢磨了小半年后，大二时基本每两天发一篇稿子。”从此，向各类专业媒体、大众媒体发稿挣稿费成了雷军的一项重要收入。

雷军在金山被“绊住”过。但爬起来的雷军，并没有不停抱怨，也没有找朋友无休止的吐槽，他也找朋友，不过他找朋友主要是探讨自己“失败”的原因，以及为自己的未来寻找方向。

从雷军发展的轨迹来看，每一次跌倒之后，他都有收获，当然，他的收获来自他的反思，而不是他的抱怨。

从金山卸任之后，雷军曾在新浪微博与公众分享自己的“大

唠叨是因为随便，没有心机的说，没有心机地随意说或者发泄是一件痛快的事情，所以，很多人喜欢唠叨。某些平时很矜持的人，喝醉了酒也会唠叨。在唠叨着的人很惬意，自我感觉很良好，虽然听的人有点头大。

切忌让别人把自己的话当成唠叨。更不要用喋喋不休地发牢骚，把自己打扮成一个失败者、软弱者、主观主义者。

6

站到吹得起猪的风口，顺势而为

借助浪潮的力量

一个时代性的产业机会来的时候，浪潮会把你推到最前沿，这个浪潮所具备的力量是你自身力量的很多倍。这就是雷军对浪潮的理解。

1999 年互联网浪潮来的时候，雷军不能够说自己理解有多深，但他是真的看到机会来了。于是他就决定创业，他觉得做电子商务比较靠谱，就做了卓越，干了四年以后卖给亚马逊。在卖公司的半年时间里，雷军在想，自己也不比别人笨，至少也比别人勤奋，为什么他做个企业就这样磕磕绊绊？为什么马云挺容易，陈天桥也挺容易，虽然他们也有困难，但相比来说，他们却轻松许多。

通过观察身边那些“大成”的朋友，雷军得出一个结论，自己虽然努力，但是有点“逆天”，而那些“大成”的人，无不是利用了潮流的力量。雷军对自己的努力开始否定，雷军也想“大成”，所以，他也要利用浪潮的力量。

要想利用好浪潮的力量，首先要观潮。雷军开始考虑到互联网的各个角落，但互联网巨头林立，在一个巨头林立的市场里头，想找到自己的空间是很难很难的。

雷军在细致的考察了市场之后，发现还有三个方向有戏：

第一，电子商务。

第二，移动互联网。

第三，社区。

既然发现了浪潮的方向，雷军就开始一试身手。在做天使投资期间，雷军基本上只投这三个领域，在这三个领域里投了17家公司，在移动互联网里他投UC浏览器，投了3亿元；在社区上，他投了YY，它是全语言的IM（即时通讯），它的语音量、通讯量相当于Skype的两倍。它能提供接近电信级的服务。

在这三个方向中，雷军尤其偏爱移动互联网。对移动互联的考察，雷军破费了一番心思。雷军一直在思索互联网之后的下一个热点是什么。因为雷军是手机的发烧友，他发现移动互联网可能是未来十年最大的机会。所以，他因为这个原因开始研究移动互联网。为了研究移动互联网，雷军就拿着手机去上网，但是他发现浏览器很慢，输个网址痛苦的要死，输完以后，等待上网的过程极其痛苦。当时雷军就想，这个东西能用吗？然后他就去市场问谁在做，谁在用？

既然确定了方向，雷军就找一些新型的公司投资。他找的第一家就是3G门户，然后大家没谈妥，第二家也是，第三家叫乐讯，他说就算我交学费，跟你们学学什么叫移动互联网。当雷军投进去之后，他终于明白是谁在用移动互联网。

互联网是精英的平台，移动互联网是草根的平台，比如学生、军人、农民工，是这样的人群在使用移动互联网。所以，这次的浪潮很大的因素，是因为草根人群希望用手机来接触这个世界。

把握潮流是一回事，用好又是另一回事了。只有预见而没有行动力的人只适合做参谋，只有那些稳定的预见潮流方向，并立即采取相应行动的人，才能做元帅。

所以，雷军告诫创业者："当你看到一个大趋势，一定要立刻去做。我以前看到过很多的趋势，比如移动互联网，我怎么会看不到呢？因为在1995、1996年我们金山已经是最大的BBS网站了，我自己又是工程师，每天在网上。这个趋势是不可逆转的，问题是我们没有及时去做。"

雷军摸清了下一个十年，最大的浪潮的来龙去脉。既然明白了这个需求，雷军就向移动互联领域投了一系列的资金。2007年他投了一家非常重要的移动互联网公司就是UC浏览器，他也因此成为当年整个移动互联网最活跃的投资者。

当时，IT行业也在经历着巨变。iPhone在2007年1月发布，2007年7月上市。雷军觉得iPhone是个革命性的产品，颠覆了所有人对智能手机的定义。在iPhone发布之前，智能手机就有了，但iPhone发布以后，大家就认为，像iPhone的才是智能手机，iPhone至少重新定义了智能手机。所以iPhone发布了之后，雷军买了二三十部 iPhone，给他的朋友一人发了一部。但当年雷军自己用 iPhone 比较痛苦。第一，没有中文输入法；第二，它不能发中文短信，于是他们全开始学英文。还有一个更痛苦的是，它没有转发，所以他们也不能转发段子，他们后来就不转发段子了。

当年 iPhone 给雷军的震撼是极大的，一件好的产品可以改变雷军的习惯，他觉得一个新的时代来临了。这更坚定了雷军要把移动互联网做到底的决心。

2008 年 9 月安卓发布了，2008 年 10 月第一部安卓手机发布了，就是 HTC 的 G1。雷军当时是在香港高价买的，用完以后，雷军觉得一个新的时代开始了。iPhone 的确很好，有点像 30 年前的麦肯锡，在市场上有极高的平台，有极好的口碑，但最后在 PC 时代，在个人电脑时代，PC 胜出了。雷军认为今天的苹果对安卓可能就是 30 年前历史的重演。也就是说，雷军看到安卓的第一眼就知道一个巨大的机会开始了，这个世界最终会属于安卓。

所以，2008 年 10 月雷军用完 G1 的第一感觉，就是他要做安卓手机了。

在 2009 年 4 月“2009 年全球移动第互联网大会”上，雷军说：“三年之内手机上网的用户群就会超过电脑上网的用户群，五年之内移动互联网业务的规模会远远超过互联网业务的规模。”

具有远见，是雷军的一个特点。雷军的多年好友、原 Do News 创始人刘韧曾对《纽约时报》表示：“雷军具有远见。他能比旁人更早地看到趋势，并且具备随时调整的能力。比如，卓越一开始只是一个下载平台，而 YY 一开始也只是个 RSS 订阅软件。”

能够预判潮流的方向，但并非事先就知道潮流的具体路径和具体形式，雷军投资，投的是方向，至于他投资的公司具体会怎么发展，他自己可能都不清楚。多看创始人王川曾经回忆自己向雷军学到的投资教训。在 2007 年时，雷军曾邀请王川一起投资 UC 浏览器，王川要求雷军解释该业务的商业模式，雷军说自己也不知道，于是王川放弃了投资 UC 浏览器的机会。如果他当时按照惯例投资 10 万元的话，他现在就可以拥有价值超过 1 亿元的股份。当王川后来很后悔的时候，雷军说过一句话，“我真不知道（UC 浏览器的商业模式）。给你举例子，咱们去滑雪，这个坡我感觉我能下，但是怎么下我不知道。”

对于商机，马云曾经说过：“看不见，看不懂，看不起，来不及。”其实雷军“用好”浪潮的力量，也是如此。浪潮来的时候，谁都会看得见，这时如果再行动，那已经晚了。用好浪潮的力量，首先要在浪潮还没来的时候，预见浪潮的路线以及方向，然后在合适的地方布局，这个时候，别人看不懂，包括自己都可能不懂，而真正浪潮来了，自己随着潮流前进的时候，别人想要再追赶，已经来不及了。

对此，雷军曾经这样说：“回顾过去的互联网，如果你知道会这么发展，我相信你会等于马云 + 李彦宏 + 马化腾的总和。很简单，关键是谁能洞察未来。未来真的有那么难洞察吗？这是我自己一再思考的问题。”

浪潮天天都有，但并不是每个人都会成为冲浪的好手。

观潮是一回事，但能否在潮流到来之前预见潮流，并且在潮流到来时利用好潮流，那又是另一番功夫了。

找个山顶踹块石头

巴菲特有一句名言：投资就如同滚雪球，最关键的是要寻找到一片湿雪和一个可以持续不断滚下去的长长的雪坡。

雷军卖掉卓越网后，陷入了长达半年的思考。他觉得自己不比别人笨，至少还比别人勤奋，为什么他弄个企业就这么磕磕绊绊，那么不容易？想了半年以后，他找到了答案，就是四个字——顺势而为。

为此，他专门查了一下字典，这个“势”在《孙子兵法》是这样的——在万仞之上的山顶有一块石头，顺势而为就是踢它一脚，剩下的事情不用做太多，它自己滚下来，就成功了。

雷军说：“假如你可以把握时代的脉搏，什么时候该到深圳买股票，什么时候该到海南做地产，什么时候应该倒钢材，多的是机会。回顾这二三十年的历史，历史给了我们中国这一代人很多的机会。对于我来说，我错过了太多的机会，我想把握未来的方向，我就选择了移动互联网。”

对雷军而言，除了顺势而为，还有能否超越自己的古老命题，而这显然不比把握机遇来得轻易。但有一点他确信，就是改变。对于小米公司的创建，他曾经对《中国周刊》记者说：“这次操盘小米公司，我有一个观念，我们一定要开开心心的，顺势而为，我不想把小米公司办成一个类似于金山那种苦难深重的公司，那已经是过去时了。”这种转变是对自我的超越。任何的自我超越，都不是一件容易的事。从金山离职后，雷军并没有真休息，而是不断思索和尝试，为自己和整个市场把脉。“不存在更喜欢或者更适应哪种工作。”雷军说：“我喜欢做那种有预见性的尝试，做CEO的时候是奔着一个目标去，现在做投资人了，突然发现可以实现好多梦想，也挺幸福的。”

旁观者清。从金山离职后的雷军，换一个位置，重新审视商场，别有一番滋味。雷军发现，不少成功者都是每天睡觉睡到自然醒的，为什么？雷军原来站在旁边看的时候，觉得他们80%是运气，后来雷军明白是他们聪明，他们先知先觉，找了个山顶踹了块石头，他们成功了。如果天天在山脚下，怎么踹都没用。这就是雷军理解的顺势而为。

然后雷军开始找属于他的山顶，最后，这个山顶他找到了，其实大家都知道答案——移动互联网。

他认为移动互联网的机会，一定比互联网的机会大。雷军认认真真想透了以后，投了UC浏览器，这使得他把握了整个移动互联网的脉搏。

雷军喜欢做那种有预见性的尝试，能够实现好多梦想，他觉得挺幸福。但对雷军来讲，最幸福的事，自然是亲自站到山顶，并踹块石头。

投资UC浏览器后，雷军很兴奋，他的投入得到了回报，“比如新浪新闻首页转到我们的手机上只有100K，连原来的1/10都不到，所以我们被网民誉为最省钱的浏览器，UC浏览器还可以打开多页，缓解了等待的压力。”此后，正如雷军的设想，UC浏览器的用户群也在口口相传中不断壮大。在雷军投资一年多后，UC浏览器用户增长了25倍。2007年中期时，在雷军的牵线下，国内知名风险投资机构晨兴和联创策源向UC浏览器进行了第二轮投资，投资总额超过1000万美元。公司的估值在半年的时间内增长了10倍。

从UC浏览器的商业模型中，我们可以看见雷军是如何站在山顶，把一块石头踹下山坡的。首先，随着3G时代的到来，更多人会选择用手机上网，然后，如果能够统治所有人上网的途径——“浏览器”，则可以繁衍出无限的商业模式。目前，单靠浏览器上对各个网站的收费推介，UC浏览器已经可以养活自己。

“你可以设想，如果在浏览器中加入一个手机支付模块，按我们今年的目标每天如果1000万人使用，每人在网上支付一次我哪怕仅收1分钱的中介费，每天收入10万会是很难的目标吗?”

UC浏览器只是雷军的演练，雷军真正找到的山顶，其实是小米科技。

找个山顶，踹块石头，看似简单，其实并非如此。就小米科技来看，它是包括硬件、软件以及广大米粉在内，依靠一套游戏规则联系在一起才能滚动庞大“石头”。

小米整个商业模式的设定，就是一个软硬件一体化的公司。所以，在商业模式上，小米是不依靠硬件来挣钱的模式，也就是说，小米把手机硬件当成一个平台，在这个平台上跑的MIUI，跑的米聊都是这个平台上的应用。这种模式会使小米手机的硬件和MIUI系统都具备非常强的竞争力。

当然，让小米这块“石头”自行滚动的原动力，就是“米粉。”

“米粉”是小米成功之路中的重要一部分。小米发展到今天很大一部分是由于“米粉”的响应。

雷军这样描述小米狂热的粉丝：“大部分粉丝心中对完美手机都有很多想法，但因为开发一款手机很难，他们许多人无法实现自己的想法。他们会给我们提供意见，告诉我们希望在手机中集成什么样的功能。一旦我们能采纳并实现这些功能，他们就会乐于与好友们分享好消息。”

小米的粉丝自愿提供反馈，成为小米获取信息的一个重要渠道。雷军表示，口碑营销可能是小米最好的推广渠道，而小米的用户往往会形成一个群体。如果有人开始使用小米手机，那么他的朋友很可能也将开始使用。通过这种方式，营销信息得到传播。

而这一套建立在完整体系上，靠游戏规则联系起来的小米模式，已经构成了一个完整的生态。当前掀起互联网企业扎堆做手机热潮，但能做好者却不多。雷军指出：“你问问那些做手机的互联网企业，有没有想过要花 1800 人、3.47 亿美元做手机。大家觉得雷军成功很容易，新的名言是雷军都能干，我们当然能干。但背后要想想为何雷军能够做手机，其他互联网企业做不成手机。”

小米把自身定位成一家互联网公司，或者是“铁人三项”的公司。小米强调的是软件、硬件、互联网服务垂直一体化，小米在“铁人三项”这个领域里面，毫无疑问是领先的。因为比同行先走了一两年时间，已经获得了一些领先优势。其实这么干的难度很高，主要原因在哪里呢？在于软件的文化、硬件的文化和互联网的文化，这三种文化的冲突是非常严重的，你要想在一个公司里面把这三种文化融合，产生一种新的“铁人三项”的 DNA，这是非常不容易的一件事情。

“势”也在人为。要顺势，更要造势，如此，才能“大成”。

找到吹得起猪的风口

柳传志说：风助火势，火助风威，堪称天作之合。求伯君说：给我一个支点，我可以撬动地球，联想就是金山腾飞的支点。这是1998年联想注资金山，金山重组后打的广告，文案就出自雷军之手。

那时的雷军，觉得自己缺的是一个支点。而联想注资后的金山，雷军一度觉得是自己一个理想的支点。

1999年互联网大潮开始的时候，或者互联网这个“台风口”来的时候，当时金山忙着做WPS，忙着对抗微软，忙得不亦乐乎，根本无暇顾及。当2003年雷军环顾四周时，他发现自己远远的落后了。在那一瞬间，雷军其实压力非常大，作为金山的CEO，他在那两三年里面几乎每天都在想什么地方出问题了？是团队不够好，还是技术不够好，还是不够努力？雷军甚至在想，是不是自己有问题，是不是自己能力不行，是不是不够聪明，还是不够勤奋？

最后，雷军得出结论，他缺的是大势，是机会，是风口。“只要站到风口前，猪都能够飞上天。”在2006年，雷军想明白一个道理，成功85%都是运气。所以你需要找到猪都能飞得起来的风口，你往那儿一站，就能飞起来的。

2007年10月16日，金山在香港联交所挂牌，这更加刺激了雷军。雷军发现，他投注了16年心血的公司市值不过6.261亿港币。这个数字，当时远远不及同年在香港上市的阿里巴巴（市值15亿美元），更别提2005年在纳斯达克上市的百度了（市值

39.58亿美元），即便跟盛大网络、第九城、巨人游戏等游戏界同行相比，金山也被抛在了后面。

“为什么有人付出百分百的努力只能换回百分之二十的增长？反之，有人付出百分之二十的努力，却能获得百分百的回报？”“金山软件有中国最优秀的一批工程师，大家都很团结，执行力也非常强。但为何最后上市依靠的反而是网游业务？”雷军不停地反问自己。

错过了风口之后，雷军没有沉浸在懊恼与自责之中，也没有无休止地抱怨。雷军说：“别人成功了，你觉得他还不如你，马上就开始羡慕嫉妒恨，开始嫉妒是人性中最大的弱点，因为嫉妒丧失了自己，我觉得你应该羡慕成功者幸运地站在风口，当然也许你们心目中说他们是猪，但他们很幸运地站在风口，所以你们需要找下一个风口，多花点时间找找你们怎么找到下一个风口，而不是盲目地冲上去做，如果那样我觉得等待你的可能是失败。”

互联网这个风口，雷军是错过了，那下一个风口在哪里呢？

也是在2005、2006年这两年，雷军得出的第一个结论是：未来十年是一个重要的十年。移动互联网的规模是PC互联网规模的十倍大，雷军记得那个时候他讲这个话题大家都觉得他是在瞎说。

如果风口大家都能找到，这个风口就没有价值了。台风来的时候，只有少数人能飞上天，因为只有少数人才能找到这个风口。

也正是因为坚持移动互联网这个风口，雷军才创办了小米科技。

小米的米拼音是MI，是Mobile Internet的首字母，雷军也多次强调小米科技要做一家移动互联网公司。如果从移动互联网角度看，小米手机很可能只是雷军移动互联网梦想的一个载体，将来在小米手机上衍生出的各种移动互联网服务才是核心。其实在小米手机推出之前，小米公司推出了一系列移动互联网产品，包括小米司机、小米读书、小米分享等。

小米获得了巨大的成功之后，雷军多次指出，小米之所以取得成功，最重要的是遇到了一个“台风口”，他戏称，这个“台风口”就是“一头猪都能飞得起来”的“台风口”，如果企业想获得成功，就需要在能力范围以内寻找属于你的“台风口”。

光找到“台风口”还不行，还得有独特的商业模式，雷军为听众总结了小米成功的五点制胜之匙：第一点是用互联网思维来做硬件；第二点是要高度注重用户体验；第三是做高性能高品质的硬件；第四是成本加零售，价钱超级便宜；第五是开发周边产品。

对于移动互联网这个“风口”，雷军认为，他的能量还远没有发挥出来。

雷军认为移动互联网的边界现在还根本没有看到，他认为移动互联网才刚刚开始，这个行业如果用十年的长度来看，也就是做了两三年，未来还会有很多机会。回顾互联网发展的十多年，初期三大门户，后来涌现了盛大、巨人，再后来出现了三大巨头。

在雷军看来，PC 互联网提供的是运算能力和网络架构基础；移动互联网远不止眼下已有的这些应用服务，它不是目的而是手段，提供的是互联网能力渗入各项传统行业的工具价值；而真正的大发展时期是所有行业、所有服务的智能化、数字化和互联网化。

从上面的三段论看，第一阶段，它改变的主要是运算能力和媒介形态；第二阶段是移动化和通用计算能力充分IP化的过程；第三段才是彻底的全面革命。

其中第一、第二段可以看成是基础建设和工具锻造，第三阶段真正大戏高潮的开始。所以，现在大家才站在真正“改变世界”的门槛上。

当然，要想成功，并非只是站到风口上就可以的。其实，跟小米一块站在那个风口，甚至有人更早站在那个风口之上，最后只有小米取得了意想不到的成功，这里当然还有其他的原因。

在雷军看来，站在风口上固然重要，勤奋和努力也是必要条件，如果没有一个最低6×12小时的勤奋和努力，为什么会成功呢？如果想干5×8小时就成功，别人比你工作时间长50%、聪明程度一样，人家比你多一倍的努力，成功的当然就是别人。这就是中国古话天道酬勤。很多创业者想轻轻松松成功，如果想过很舒服的日子，最好不要创业。可以找一个大公司，收入比较稳定，过着非常体面的生活，挺好的。

在雷军看来，要想成功，三点是必需的：第一热爱你所做的事；第二做事情的时候要挑选足够大的池塘，找到风口；第三勤奋和努力是必要条件。

但在这三点当中，雷军还是觉得第二点是最重要的。所以，他建议创业者“还是得夜观星象，还是得算命、还是得烧香”，还是得看看未来十年趋势。看看哪年是上风口、哪年是上风，看看怎么样能够随风飘扬。“假如大家在潮头，涨潮的时候把你推上去，成功相对来说容易很多。所以在今天面临的创业的黄金十年，你怎么样能够获得像刚才这些成功者的成功。”

运气就是在对的时间做了对的事情

何为运气呢？中国古语说，天时、地利、人和，运气就是在对的时间做了对的事情。对的事情相对容易判断，而时间点无从琢磨，往往很多年过去了，回头来看的时候，才明白什么时候是最佳的时间点。运气在于创业的时候选对了一个好的方向，“撞”对了一个好的时间点。

很多人谈战略，什么是战略呢？战略就是在对的时间点做了对的事情，其实对于一般的企业家来说，做对的事情是很容易判断的，只要大家在这个行业里面有一定的经验，做对的事情是比较容易的。但是，在对的时间点做对的事情是一件很难很难的事情。

雷军说：“在对的时候做对的事情，是个战略问题。我经常看到不少企业的副手离职后，对别人吹牛，这公司是我干出来的。可能他讲的没错，但是谁决定在什么时候干什么事情的？这个人的贡献远远超过了真正干事的人。”

这个结论，是伴着雷军的惨痛教训得来的。

早在1999年，金山内部就探讨上市香港的可能性。当时内地科技企业基本上都是在香港上市，但求伯君和雷军都发现香港创业板市场只有三四家企业在IPO价格以上，因为那个时候亚洲金融危机刚结束，整个亚洲股市都非常低迷。公司聘请的证券顾问认为香港创业板至少需要三年时间才能恢复，建议在内地A股考虑，等待内地A股推出针对中小企业的创业板。

金山上市选错了时间点。

这一等就是4年，国内一直没有推出创业板。金山只能说运气不好，金山做的事情还不错，但时间不对。

2004年，求伯君公开对媒体表示，由于受限于软件公司净资产的法规限制，金山公司已放弃在内地上市想法，继而把目光专注于正热烈追捧网络游戏概念股的美国纳斯达克。当时金山正在进行网络游戏的开发。2005年底，金山上市的消息再次更新，金山计划2006年第三季度在纳斯达克上市，集资1亿—3亿美元，已选定摩根斯坦为主承销商。然而金山的运气的确很糟，美国突然颁布萨班斯法案为代表的一系列企业准入审查制度，大大提高了中国企业在美国上市的门槛。另一方面，由于赢利能力在纳斯达克的审计没有通过，金山赴美上市的计划在这年年底全面搁浅。金山上市又一次选错了时间点。

幸运的是，2006年8月，金山获得最大一笔风险投资，总计7200万美元，三家风险投资商分别为GIC、英特尔投资、新宏远创基金。在2006年融资之后，金山管理层及员工持有的股权处于相对控股地位，联想集团、张旋龙则减持了相当部分股份。

几次的融资使金山活了下来，而且幸运地在自己坚持的道路上走下去。

谈起这段经历，雷军一直耿耿于怀："金山创业的艰难就不说了，这个公司一度面临着全世界最强的竞争对手微软，创业两年后，我们差点关门，当时剩下十来个人七八条枪，账上七八十万元人民币。从1996年，我们重新创业，一仗一仗打过来，中间没有依靠过任何风险投资的帮助，账上从十几万元人民币到五亿现金。到了1999年，当时年幼无知，被人一忽悠就准备去上市，一上市就上了八年时间，准备过五个板块，花了一亿人民币上市中介费，好不容易在2007年IPO成功。很简单的一件事情，别人上市一下子就上了，没上还没死的，我估计就金山一家，准备上市像是脱了一层皮，金山就有这点顽强精神。但是我就在想，难道做企业真的需要这么艰难吗？我自已20多年来，成功的喜悦并不多，失败的教训比比皆是。”

这些失败的原因，雷军把它总结为运气。既然运气是“在对的时间做了对的事情”，就说明金山在那时做的事情与年代不合拍了。那时，正是互联网大潮兴起的时候，而在软件方面，微软大势已经形成，所以，在那个时间，还坚持做软件，就做错了。

经历了金山的苦难之后，雷军在想，在没有办法把握运气的时候，如何把握这些机遇，如何在对的时候做对的事情，而什么又是对的事情呢？

雷军自已是做技术出身，写了10年程序，雷军不认为自已是一个做Marketing（营售）和讲故事的高手，甚至在很长的时间里他都觉得这是他巨大的劣势，看别人融资那么容易，他怎么搞个事情那么难。上市花了8年的时间，上了5次才可以上成。别人很简单的事情，怎么到了他这里这么倒霉呢？

经过思考之后，雷军发现了简单与困难取决于两个方面：第一点考虑要做的是什么事？第二点是为什么这个阶段做这件事情？第二点尤其关键，因为第二点直接就是一个人的运气。

光有勤学苦练是远远不够的，关键问题是多一点点运气。明白了这个问题还不行，雷军一直想如何把运气变成可控的，那怎么才能把握成功过程之中重要的东西？怎么把运气变成可控的？想来想去，雷军觉得所谓运气从理性的角度来看，其实就是在对的时候做对的事情，这比任何时候用对的人、把事情做对都更重要。

至此，雷军就开始“转运”了。“劈柴不照纹，累死劈柴人”，顺势而为，在对的时间做对的事情，借力打力，自然要容易很多。如果逆天行事，就算付出了10倍于他人的努力，可能也不会成功。雷军拿这个道理把金山和小米做了对比：金山以前做软件，这个行业整体面临互联网、盗版的冲击；小米能成功，首先是因为移动互联网这个大方向，选对了。

也正是明白了这个道理，掌握了“运气”，到2012年，雷军已经是中国互联网最大的赢家。

他的成功不仅是小米的飞速增长，还有他投资的企业也开始进入收获季节。2012年YY上市，雷军7年前一笔100万美元的天使投资，如今市值已超过1.3亿美元。

接下来，雷军势头依然很猛。一方面，从智能手机行业来看，小米基本还可以保持高速增长。另一方面，雷军投资的20余家企业逐渐成熟，有些开始盈利，有些排队上市。

靠着自己的“运气”，雷军也顺势投出了一个生态链，而这些生态链上的企业逐渐开始发挥合力。比如在2012年11月间，小米收购了多看，获取了“小米盒子”这个已经成型的产品，以最快的速度推向市场。虽然因为后期政策原因，小米盒子一度被搁置，但也看到多看对小米正在起到补充的作用。随后，金山子公司Kingsoft Cloud Group（金山云）将以每股0.02美元向小米发行及出售9100万股股份，交易总金额为182万美元。交易完成后，小米将持有金山云9.87%的股份。小米所需要的云业务，也不再需要自己从零做起，而是直接与金山合作。

“转运”的雷军点石成金。

在被评为“2012 年度创业人物”时，雷军说：“小米 85% 的成功都靠运气。我现在做小米的状态不如金山时代，那时我每周上 7 天班，每晚 12 点下班，但这有多少用呢？我们被过去的教科书教育，成功是 99% 汗水加 1% 的运气；但是有好事者考证，1% 的运气超过了 99% 的努力！创业者能做的，就是坚持在创业的路上排队，总有一天馅饼会砸在你嘴边。”

创业者要信命，要顺势而为

雷军曾经一直思索一个问题：为什么马云、马化腾创业那么容易成功，而自己苦哈哈地带着一帮兄弟，上市都花了八年。对此，雷军总结的结论是：除了苦练内功，更重要的因素是找到重大产业开始的那一个机遇点。

“我觉得创业是一件很不容易的事情。我从金山退休后，一直在想有没有更快、更好的创业模式，不至于受那么多的煎熬？我在想为什么别人可以骗钱，我为什么不能骗钱？”雷军在做天使投资人期间，投资了几家小企业，他们完成了 2 至 5 次以上的融资，最少拿到了 1.5 亿美金。这时的雷军又在想：“软银、赛富、羊东他们等都是绝顶聪明的人，难道讲个故事他们就把钱给你了？绝大部分时候他们都是对的，有什么本事可以把钱从资本家的口袋里面掏出来？”

最后雷军的结论很简单：就像在股票大涨之前，大家跑到股市上随便买只股票，一年之后不赚 5 倍是你运气太差；在房价大涨之前买房子，一年之后不赚 5 倍、10 倍是你眼光实在太差。所以，投资只要知道这个关键的选择点就够了。这个关键的选择点就是在合适的时间一定要干合适的事情。延伸一下，就是做事情之前，要看看时间是否对，是否能正好踏到节点上。要研究天时，要顺天应人，而不要逆天。这就是雷军总结出的，要信命。

为了证明这个道理，雷军拿出一本叫《异类》的书作为例证，那本书讲成功的两个要素，雷军自己看完以后特受启发。作者讲的是加拿大冰球队，他列了过去五年的获奖名单，让人找找规律。雷军把那五年的名单仔细看了好几遍，也没找出什么规律。然后这个作者说，他研究半天发现，4 月份以后出生的一个没有，就是说在加拿大冰球队五年冠军获奖名单中，4 月份以后出生的一个没有。也就是说，统计规律发现，4 月份以后出生的人在加拿大就别打冰球，基本没戏。他说这个规律很怪，他就去研究，为什么这样呢？

他研究了美国冰球队，世界上各个国家冰球队，都没有这个规律，为什么在加拿大打冰球就一定得是 4 月份以前出生的呢？后来他发现这跟一个小事情相关，就是加拿大冰球队的少年队的入选标准是在当年 1 月 1 号满 9 岁的人。为什么 1 月 1 号能够入选少年队，会对以后有这么大影响？1 月 1 号满 9 岁的人，如果他的生日是 1 月份的话，意味着他已经快 10 岁了，而如果是 12 月出生的，也就是刚好 9 岁。在冰球的赛场上，10 岁的小孩肯定比 9 岁小孩体能好。这样，在一层一层选拔的结果里，4 月份以后出生的全部被淘汰，就变成 1 月份出生的 40%，2 月份出生的 30%，3 月份出生的 30%，4 月份以后出生的一个没有。这就是偶然中的必然，这就是运气，这就是命。

再以美国 IT 业的成功创业者为例，比尔·盖茨在 1955 年出生，史蒂夫·乔布斯在1955年出生，许多数得上名字的人物全在这一年出生。对应到中国，雷军发现杨元庆1964年出生，郭伟、马云也是。1964年出生意味着他们大学毕业一两年以后，中国的电脑工业革命就开始了。而互联网行业成功的创业者，多是1972、73年的。雷军是1969年出生，而如果是1964年或者1972年，可能成功要容易很多。

不少成功者都发表了类似的感言：成功，20%靠努力，80%靠运气。创业者都非常勤奋和努力，而真正成功的人寥寥无几。从死人堆里面爬出来的成功者，很少有人觉得自己的成功是因为自己更勤奋或者更聪明，他们往往把成功的要素归纳成“运气”。

中国最成功的互联网公司，除了三大门户，都创办于1999年。

腾讯创办于1998年11月（1999年2月发布QQ）。

阿里巴巴创办于1999年。

百度创办于1999年。

盛大创办于1999年。

携程创办于1999年。

对于三大门户而言，1999年也是最关键的一年。先说新浪，前身是四通利方，创办于1993年12月，但做门户叫新浪，也是1998年底的事情。再说搜狐，爱特信创办于1996年8月，直到1998年4月才叫搜狐。最后说说网易，1997年5月创办，刚开始主要销售电子邮箱的软件，1998年年底才开始做门户。回顾历史，不难得出结论，1999年也是三大门户奠定基础、大发展的一年。

雷军得到这样非常简单的一个结论：过去十年的互联网创

业，错过了1999年，几乎没有可能大成！1999年，堪称互联网创业最黄金的一年！

那下一个十年，将会有一场什么样的风暴呢？

“2009年是移动互联网热火朝天的一年，我有一个大胆的猜想：2009年是移动互联网的黄金年，未来十年最伟大的移动互联网公司，要么是2009年发展起来的，要么是2009年创办的。”这是雷军在2009年的一段发言：“如果不幸被我言中，大家一定要把握好2009年这个移动互联网创业的最佳时机。一、如果已经加入移动互联网的战场，2009年是重排座次的机会。所有人应该放下包袱，放手一搏。二、计划创业的人，我建议2009年最应该干的事情，是到移动互联网产业去创业。三、已经成功的巨头，移动互联网的机会是任何人不会放弃的，2009年是大举进军的一年。”

通过天使投资，雷军首先肯定了移动互联网的未来，并由此认识到移动终端异常重要。他强调：“手机就是这样的终端。”雷军认为，针对中国市场开发一款智能手机的机会是存在的，而硬件公司可以利用移动互联网的潮流。基于这样的想法，小米诞生于2010年4月6日，而该公司的第一款手机小米1于1年后发布。

2013年，这家成立仅3年的新公司已经在中国这个全球最大智能手机市场实现了罕见的高速增长。根据市场研究公司Canalys的报告，小米公司在2013年第二季度已拿下中国智能手机市场5%的份额，超过了苹果公司。

在金山时期，雷军的口头禅是“一路上有你，苦一点也愿意”；在小米时期，雷军的口头禅是“顺势而为”。的确，小米神一样的发展速度有运气的成分。

这次，雷军终于踩在了点上，也把命运牢牢把控在了自己手中。

雷军投资雷军

爱手机，爱互联网，爱喝碳酸饮料，爱穿棉质 T 恤，爱秀他投资公司的产品，爱骑车，爱整洁，顾惜形象，不时抽烟，却不允许被拍入镜头。这就是金山软件董事长，小米科技创始人、董事长兼 CEO 雷军。

2007 年 10 月，金山 IPO 长跑终于撞线。雷军将之视作他对金山与自己青春的交代，辞职，归零。那时，雷军刚跨过 38 岁。与告别金山相伴的是，他曾经信奉的那些东西一路上已瓦解得差不多了，到接近四十岁的时候，“全面崩溃”。

“曾经的信仰没了，有人信仰了金钱，有人信仰了别的乱七八糟的东西，最后我只能去寻找人生中最鼓舞你的那些东西。我还保持了心里那一点点的东西，我相信真善美。”一个想做一番事业的人，随着年华逝去，想要得到的东西没有得到，生命留给自己的空间却越来越小，雷军还有机会在有限的空间内实现他的理想吗？

离开金山后的雷军，有很长一段时间无所事事。他离开金山时，与金山有竞业禁止协议，金山所有的业务他都不能干。这一下把他手脚捆住了：他懂的、他熟悉的不能干，别的他又不懂，不知道能干什么。“每天早上起来不知道干什么，半夜如果醒了觉得很茫然”，有时候他会和朋友倾诉，“提前感受到退休老干部的凄凉。”他感受到外界对他兴趣与热情的下降，“有人走茶凉的感觉。”但同时，他也故意去寻求某种冷遇，以彻底告别金山。金山要继续给他配车与司机，他拒绝了，一个人背着双肩包走来走去，曾经在风雪夜里站在路边等半小时都拦不到出租车。他时不时回到金山总部所在的柏彦大厦，但他不上去，只肯进楼下嘈杂拥挤的街边烧烤店，在这里和黎万强等兄弟在烟雾缭绕中讨论金山的新产品问题。

金山生涯让他既拥有一帮好兄弟，也和团队里另一些人颇有罅隙。这些矛盾主要是因为雷军的理想与完美主义与下面执行者现实的激励需求冲突而成。辞职后，跳到局外审视，雷军明白了，之前金山下面某些人的诉求是完全正常的，要“遵从人欲，广结善缘”。

站在局外，雷军更加明白的一个道理就是要信命。

“我只要一认命，一顺势，我发现就风生水起，原来不认命的时候老干逆天而为的事情，那叫‘轴’。”雷军说。

雷军的认命，并不是等着命运来安排，而是对命运的把握。既懂命，又能把握运，那最好就去投资了。那几年，不是没人像雷军那样有钱，但有几个人像雷军那样既有余钱，又有这么多IT人脉，还年轻气盛，对互联网技术、模式与产品没有停止研究，并且赋闲？

一个年轻、有钱、有闲、有经验的IT“老革命”，是雷军做天使投资的独特竞争力。更何况，此时的雷军已经能把握“命运”。

在雷军投资的近20家公司中，一多半是从“零”做起的。跟别的大多数天使投资不同，这里面有好几家都是出自雷军的想法或创意，他脑子里带着这些想法去物色、选择他熟悉的创始人，而非等着陌生的创业者来找他。

其实，雷军最早与“投资”有染是在1998年10月。联想宣布入股金山第二天，他就在港股市场上买了联想的股票，“既然联想投资了我们，我看这个公司管理还行，得买它股票看看。”后来，他也在很低的点买过金蝶（有一度金蝶十几天交易量全是他一个人买的），他还买过方正，买过腾讯，全是他熟悉的中国IT企业。这与他后来做天使投资的逻辑相合：不熟不买、买市场前两名、买跌不买涨。身为金山总裁，他在金山最困难的1996年，把自己的工资降到了3000元/月，一直到1999年才涨到8000元。“做了股票后，才发现金山每个月几千块钱的工资说不过去，好像自己的劳动没有价值。”

但他财富真正的大笔积累并不来自于他早期在股市上的投资，而是源于2004年7500万美元卖掉金山与联想投资创立的卓越网，外界估计雷军个人获利约有亿元人民币。有钱就有资本，这些，让他有能力按着他所理解的“命运”投资。

由于从未间断对形势的研究，很多时候他都会冒出某些idea，然后在朋友圈内找合适人的一起探讨细化方向创业。比如多玩，据说是李学凌有段时间经常找雷军聊天，有一天雷军忽然对他说，我想做个游戏网站，你有没有兴趣？于是李学凌走上了创业之路。对于这些初创企业，雷军从一开始在方向上就有助力。凡客刚刚起步时，雷军几乎是作为创业团队的一员，参与所有的具体策略制定。

一直研究市场“风向”的雷军，从2005年开始研究移动互联网和电子商务。“未来移动互联网的规模将是10倍PC互联网的规模，我应该是第一个说出这个观点的人，但是孙正义说了，全世界才听到。”

长时间的研究之后，一个大计划在雷军心里形成了，这就是为移动互联网做一个平台，做小米科技的想法逐渐成熟。

方向来自于专心做天使投资的几年里，那时雷军对移动互联网和电子商务进行了深入观察。“移动互联网是软硬一体化的体验，我看了移动互联网5年时间，琢磨完了，开始研究终端，国内所有的厂商都去看过了。发现所有的终端都不够好。”雷军说。他想打造能拥有死忠发烧友的顶级智能手机。第一，未来将是移动互联网的天下，移动互联网的规模是PC互联网的10倍以上。第二，手机会取代电脑成为大众最经常使用的计算中心，现在还完全没有手机做到，即使苹果也是以电脑为中心。第三，现在和苹果竞争的都是硬件公司，所以他们没有办法和全能型的苹果竞争。

对的时间，做对的事情，对运气和命运都能把握的雷军，现在就差一个人挑头去做。最初，雷没有下定决心自己做，他想过是不是有手机厂商可以按照自己的思路转型，他曾经想过投资魅族，但“越深入越发现此事复杂，风险大”，他渐渐坚定了自己做的念头。

想过失败最多的可能是雷军自己。但雷军怕输，这是他下决心做小米之前最大的顾虑。“我做天使投资，一年见的几百个项目大部分都死了，听到的更多是沮丧的消息。所以今天轮到我干的时候，无论我多有经验，我第一个念头觉得自己可能不行。”

他承认自己有“输不起”的念头。“但是你又想去搏一把，觉得不搏这一次，人生愿望没实现，太不过瘾了，所以我就决定往下跳。”

2009 年底，雷军度过 40 岁生日，心里对自己说，开始干吧。2010 年初，雷军对终端的思路初步成形，4 月，创办小米科技。

多位业内人士对小米手机及雷氏商业前景表示不看好，很大原因源于对雷军精力是否集中、够用的怀疑。“他的摊子铺得太大了。”

但后来的事实证明，雷军做了一次最正确的投资决定。以互联网的思维卖手机。在对的时间干了对的事情。

7

做出让用户尖叫的产品

你有办法做得比用户想象的更好

“超越用户想象”，雷军自己就是用这六个字去做企业的。首先他们把业务做得尽可能简单，竭尽全力，努力想怎么可以把产品做得更好，然后每天都在想怎么超越用户的预期。

但怎样才能超越用户想象，这对每一个商家来说都是一个不小的挑战。

挑战并非意味着就要放弃，有困难是因为没有办法。面对困难，需要做的是找到办法，而不是强调困难。

为了实现这七个字，雷军确实没少费脑筋。

比用户想象的好，这是个很难的问题。如果一上来就希望小米手机超过苹果和三星，这是不可能的。希望每个面都比别人好是不可能的，小米所追求的是，对发烧友来说，在很多的功能上比他们强就行。当然，小米还是做了很多超预期的事情，比如说小米每一代产品都追求比三星和HTC跑得更快。

同时，为了减轻压力，雷军尽可能地减少客户对小米的预期。

做第一款作品时，雷军和团队说要低调，因为如果大家听说是雷军做手机，期望值就会高了，如果做的人匿名，效果就不同了。所以，小米出来后，有一个美国网站提名“小米”做年度产品。因为他们此前对“小米”没有期望，才觉得这个产品好，如果有很高的期望值，他们就不可能说这个产品好了。

对此，雷军多次总结自己的经验：初期市场营销坚持少花钱甚至不花钱，才能看出产品对用户真正的吸引力。产品完成后，不要着急，先坚持在一个小规模的用户群中试用，听听用户反馈。大规模的推广会带来如下的两个问题：一是投入大量市场费用后，用户期望值很高，如果产品不完善，很容易引起用户的负面情绪，为以后的推广留下了隐患。二是大规模市场推广得到的测试效果不准确。如果产品不完善，甚至需求选择有问题，会被数字掩盖。当推广费用停止后，用户量不增长甚至下滑，再改就来不及了。过去几年成功的互联网创业公司，其实在市场营销上花的钱都非常少，但这些公司在市场营销上花的精力并不少。

“比用户想象的好”，最关键的还是要真正把产品的细节做到位。

要打造高品质的手机，当时小米遇到的最大困难是缺乏供应商的支持。只要听说是来自中国的创业团队，国外供应商就头疼，因为许多中国的创业团队太会“忽悠”了。因此，花了四个月时间，雷军他们几个人一家一家去敲门，一家一家去拜访，最后他们的诚意打动了对方，世界一流的供应商开始尝试跟雷军合作。

在2011年4月的一天，小米“手机”可以打电话了。当时这款正在研制中的“手机”长得什么样子呢？上面绑了好几根线，拿胶带粘着，不能拿起来，拿起来就打不了。

经过了一年零四个月的努力，在经过了隐姓埋名、无声无息中探索，小米手机正式发布。当时说小米手机双核1.5G，是全球运行速度最快的手机，也是全球第一家在一个新的平台上做手机。小米的策略是不靠硬件挣钱。小米的诚意也得到了广大“米粉”的理解。

小米超越用户想象，也超越了雷军自己的想象。

仅仅30个小时，小米手机就被预订一空！那是晚上12点，雷军抱着硕大的显示器，抑制不住内心的激动，在那儿傻笑。他们原来以为，这一天的激动以后不会常有。可是，没想到这样的激动一而再、再而三地发生。

2011年12月20日，小米又迈出了历史性的一步，小米发布了联通合约机，当初他们订了100万台，仅仅半年时间就超过了100万台。

当小米创造这些销售奇迹的时候，还是有些人不相信，说我怎么没有见到有人买小米？我怎么没有用到小米？这都是你们编出来骗我们的吧？

超越想象的，还有随之而来的困难。

当小米手机的销量远远超出当初的预计时，大家就会关心售后服务的问题。小米各个部件的生产厂家全部是世界一流工厂，从目前的返修率来看，小米远远低于苹果手机。在数以百万计的销量出现时，小米内部举办了售后服务攻坚战的总动员。第一，他们在28个城市里面办了小米之家，今天他们在各地都在办小米同城会；第二，他们覆盖了220个城市，340家售后服务点；第三，他们设立了370个客服座席，服务接通率终于超过了90%。虽然还不是100%，但是，一个把“米粉”装在心中的团队，怎么可能做不好服务？小米的全体员工都是客服，雷军自己每天在微博上回答超过100个问题。

小米最早卖手机时，税务局只给了他们四本发票，每本发票50张，这意味着卖200台手机就得跑税务局拿发票，还未必高兴再给新的。而小米每天能卖1万—2万部手机，因此前几个月发票一直不够。很多网友说小米偷税漏税，真实原因是他们真的没有足够的发票。经过与主管部门几个月的沟通后，终于允许小米打印发票了，于是小米搞了16台高速打印机日夜不休地打了10多天，才把以前欠的那些发票打印完。

雷军认为，结果尽管还好，但显然这些事情是他们对不住客户。于是他们的相关部门就用特快专递寄发票，在每张发票里面放了一张温情脉脉的贺卡，上面写着：“让你久等了，亲，对不起!”还特别画了一个可爱的“米兔”形象。在每个信封里还帮客户放了一张手机贴膜。据反馈，用户收到贴膜时感动坏了，以前从来没有一家公司这么做过。于是，一些客户就跑到微博上去分享。这是一件小事，但雷军想跟大家分享的是，你有办法做得比用户想象的更好。

小米是否还能继续超出用户想象？

对于小米取得的这些成绩，小米并没有自满。小米联合创始人黎万强则表示比较平静："兴奋劲儿已经过了。"黎万强将小米成功的原因总结为两条：一是产品策略成功；二是作为互联网企业，可以快速、灵活地调整产品。

"我想请所有同事忘掉业绩，业绩不是最重要的，只有做出让用户尖叫的产品才可带来长远价值。"小米内部员工说，雷军在内部员工大会上前半段非常兴奋，但后半段告诉大家要冷静，重申小米的"两个目标、三个坚持"。

"小米最在乎的是两个目标，第一就是我们能不能做出让用户尖叫的产品、让用户排队的产品；第二就是用户用过之后，愿不愿意推荐给朋友，愿不愿意再购买。如果小米坚持这两条的话，那些数字都不重要了。"随着规模的扩大，小米的员工不断增加，新员工非常多，雷军特意在员工大会上再次强调小米的基本准则。"小米还有'三个坚持'不能变：第一是坚持认认真真做产品，真材实料不偷懒；第二个坚持就是不管公司有多大，都要坚持与消费者做朋友；第三是坚持创业心态。"雷军还坦言，随着公司规模的扩张，他最担心大公司心态，"很容易官僚，很容易把架子端起来，跟用户距离远了。只有真的理解我们还是一家创业公司，只有深层次的理解我们今天的危机感，我们才能一往无前。"

只要用心，只要努力，相信小米能做得比所有人想象的要好。

千万不要把用户当上帝看

"假设自己办个小餐馆，门口有人排队，经常有人给我打电话说老雷留个座，这就是人生最成功的境界。这个餐馆有十来道菜都是我做的，我每天幸福地看着客人吃饭，小餐馆老板跟客人都是朋友。从这件事我就体会到，我们能不能把所有的用户当朋友看？”

把客户当朋友看，是雷军做小米的基本态度。雷军对此解释说：“千万别把用户当上帝”，因为中国没多少人信上帝。假如把用户当朋友看，态度立刻就变了。谁都无法相信你的手机卖给了你的朋友，然后它坏了，一修修七天。“要是我朋友手机坏了，说实话一个小时修不好，我就烦躁不安，算了，再给他一个新的得了。当你把用户当朋友看的时候，所有问题都不一样了。”

雷军做小米与乔布斯做苹果有明显的不同。乔布斯是个天马行空的人，总是沉浸在自己的世界里，苹果的产品也以封闭的系统闻名。缺点不少，但胜在优点够突出、够颠覆。常常乔布斯下一个命令，就开始让专业人员照着设想去做，并不在意未来用户会怎么想。

而雷军则随时盯在网上，唯恐错过任何一个人对手机的看法。在小米手机推出前，他在微博上给很多人发私信，做业务交流。一个业内人士曾经评价说，雷军太在意成功。这也是一把枷锁，让他不敢冒险，不得不谨慎。他是在“补缺”。过去，他用了50多部手机，他要做的是一部为手机发烧友订制的“神机”，一部功能强大的机器。也就是一个缺点尽量少的东西。“这是因为中国社会是混阶层，还没有形成中产阶级，并不具备像苹果那样卖中产阶级的基础。”这是雷军和同事们的共识，也是小米手机1999元价格和力求功能取胜的缘由。他们希望上至银行家，下至大学生都能用得起，喜欢用。

把客户当朋友，让小米有了更清晰的定位。“我们想做一部手机，让我们每一个人有成就感，你天天用手机你有一堆的想法，你有一堆的抱怨，能改吗？除了小米之外能改吗？你抱怨别的手机，有人听吗？”

这点，雷军是有所指的。雷军曾经给诺基亚提过很多的意见，他也认识诺基亚全球当时负责研发的一个副总裁，跟他提了很多条意见，他都说有道理，他们最后都没改。当一个人喜欢一个什么东西的时候，其实已经没有经济目的了，就是觉得这个东西不好，如果能改一下会更好。但谁来帮忙改，手机这么复杂，所以小米的初衷很简单，就是小米是一个发烧友，有足够的专业能力判断哪一点对或者不对。比如，就有管理者给雷军提了一个需求，因为他们的电话是 24 小时开机的，他们就提了一个需求，白天接所有人的电话，晚上只接通讯录里的电话，睡觉只接 VIP 电话。他提的这个建议被小米采纳了，小米手机有这个功能。如此一来，如果这个人遇到其他人抱怨晚上被谁吵醒的时候你说改用小米，这个功能我设计的，你看我自已多牛，你看小米按我这个改了吧，就是我设计的。这种荣誉感是他们推销小米很重要的动力。

为与客户做好朋友，让小米销售的是参与感和成就感。小米会组织各种各样的同城会，经常还举办网友见面会。小米的同城会经常举办一群各种各样的活动，比如说今天去哪玩？一块捡垃圾等。这让小米与众不同，比如明天组织一个植树活动，后天组织去孤儿院看望孤儿的活动。很多小米之家都有“米粉”在那里，义务帮着别的“米粉”服务，这样让他们觉得很有成就感，觉得“我比你懂，我能教你”。小米满足了很多人这种成就感，所以这就是小米的真正的精髓。

与客户做朋友，让更多的人积极参与到小米的研发和创新当中，雷军说:“小米创新的本质就是我们自己热爱这个东西，我们很钻研这套东西，然后我们把有相同想法的人聚集在一起，所以小米的群体我们分了两个群体，一个叫发烧友，一个叫泛发烧友。泛发烧友就是我这个可能不专业，但是我得有专业设备。所以小米就是给你贴了一个标签就是说你不一定真正专业，但是你有专业的想法。”

比如，MIUI 系统最初只有 100 个用户，他们是小米论坛上集结的一批“敢死队”，他们勇于在刷机中尝试新版本系统，不怕一不小心让手机死机。由于小米手机使用其他品牌手机做工程机，支撑其他机型，这就使得用其他品牌手机的人也能体验到这个系统。活跃的小米论坛是“米粉”的天下，其中不乏一些发烧友根据使用体验踊跃地为操作系统提建议。每次更新的四五十个，甚至上百个功能中，有三分之一是由“米粉”提供的。“我们愿意广泛听取大家的建议，有问题就改。”雷军认真地说。态度好是他认为互联网式服务的一大特点。通过在社区、微博、米聊等平台上与用户直接交流，把了解自己需求的用户吸纳过来一起做手机，关注细节，集思广益，这样才能获得良好的口碑。“米粉”渴望参与其中，每当看到系统版本更新采纳了自己的建议，就会心生成就感和认同感。

在雷军看来，摆正与客户的关系对创业非常重要。雷军曾经语重心长地告诫创业者，一定要设身处地地为客户着想，真正地去发现客户需求，做不到这一点就不可能创业成功。

如此一来，雷军不仅成功地建立了小米的商业模式，还让小米具备了广泛的群众基础。这种模式的基础如此广泛又热烈："小米其实是一场群众运动，上百万个用户在参与这个游戏，来帮助我们做手机。这个需求不只是我一个人来提，而是鼓励上百万用户一起参与做手机。我们不需要发明特别多的东西，有这么多用户在和我们一起做。"

当将用户的服务需求与手机硬件、软件紧密捆绑在一起的时候，小米便获得了其他大公司所不具备的轻便、迅捷的应变能力，但同时也比别的公司更能体会到"台风口"的压力。

"说实话，这个行业是个极度竞争的行业。它不是一个很容易让你满足的行业。如果你不和用户在一起，你看到财报，觉得会挺好的，有这么多营业额。但我看到的都是问题，用户提出了这样那样的问题。它不是一个让你特别'激动和满意的工作'，因为用户需求是永无止境的。"不过，雷军兴奋的表情，又在证明他其实非常享受这样的压力。

现在，雷军依然保持着创业初期对用户意见和要求的尊重，在和媒体的交流中，他总是巧妙地引用小米手机自带的不被通话打断的录音功能——这是来自于一位记者抱怨 iPhone 的录音功能容易被打断。他想用这个小故事来说明，小米是如何注意并吸收最普通用户的需求。

在小米手机 1 发布的前一两个月，因为产能不足发货量受限，各种用户报怨充斥互联网的时候，每月小米仍能追踪到几百位用户的意见，他们会在小米的社区里进行积极的互动。"现在一个月卖 120 万台……我们有 1300 个同事在和用户交流，我们还是和用户维持了非常大比例的沟通。"

在雷军看来，用户不在多，而在质量。亚马逊的全球副总裁曾经拜访雷军，并问雷军有多少用户？雷军说，大概也就十来万忠实的用户。但这十几万用户，帮他卖了一千多万部手机，如果没有他们的力挺，小米怎么还能做到今天呢？小米有非常多的用户是朋友。

重视用户质量，与客户做朋友，让雷军及其小米迅速撬动市场，在互联网领域刮起了一场小米风暴。

跟同仁堂学做产品，跟海底捞学做服务

雷军说在创办小米科技时，自己思考的第一个问题是“什么样的企业在中国能成就百年基业”，为此雷军选择了两个样本：同仁堂和海底捞。

雷军曾认真研究过同仁堂，这把他吓了一跳。同仁堂有300多年的历史，经过了几个朝代的变迁，还能在今天是一个知名品牌，雷军觉得真得很了不起。在研究同仁堂的时候，同仁堂有两句话给了他极大的震撼。“炮制虽繁必不敢省人工，品味虽贵必不敢减物力。”雷军把它简化为“真材实料不偷懒”。

同仁堂的第二句话就是“修合无人见，存心有天知。”也就是说，你做的事情可能没有人看到，但是老天知道。以同仁堂为借鉴，雷军把其经验放到小米科技上进行实践。

要做到这两点并不容易。

既然真材实料的公司这么好，大家为什么不干呢？是因为这样做面临着一个困难，因为很多真材实料的东西用户看不见。产品是一个黑盒子。比如说你的奶粉是毒奶粉，我的奶粉是真才实料的，你的奶粉比我便宜很多，但老百姓不知道。所以做真才实

料会受到市场竞争巨大的干扰，而且竞争对手的摸黑、泼污水和敌人水军的干扰，在这样的干扰下能不能坚持。

很多真材实料的东西常常都会被用户忽视，同时还会面临市场竞争巨大的干扰。在这样的情况下，小米科技依然选择了坚持自己的理想，成为真材实料的公司，虽然坎坷却最终化解了困难。

比如小米用了世界上最先进的电磁技术，用的世界一流的锂离子聚合物电池，安全技术高很多。这种电池是固态的，这种固态比液态的贵不少，而且全部用的世界一流的供应商。但消费者并没有感觉，因为电池有包装大家看不到。但后来一件事，却证明了“真材实料”的价值，浙江工商局曾经查了所有手机，但只查电池。所有手机品牌只有两家公司电池全部合格，一家叫iPhone，一家叫小米。

此次事件之后，雷军更加相信真材实料做每一件事情的时候真的是老天知道，每一次他被大家误解的时候他都告诉自己老天知道。

为了保证手机的质量，雷军没少费心思。雷军一开始就有冲击高端的决心。雷军自己的口袋里曾经有十几部手机，并能准确说出这些手机的长、宽、高、厚度、重量，自己有好几年时间都在不停地在琢磨手机。但是互联网企业要做手机却不容易，小米手机的成功与雷军坚持用最好的材料做最好的产品分不开。雷军觉得应该思考怎么能够投入更多的资源把产品做好，用市场最好的元器件和配件努力做一款好产品。

据介绍，小米手机采用的高新技术元件，几乎每个重要零部件都可以知道是哪家企业做的。尖端科技能否按时发布、上市后的问题如何解决，这些都是需要经常考虑的。“如果不应对风险，只选用成熟技术，那么只能做中低端产品。”雷军斩钉截铁地说。例如，单玻璃全贴合技术让屏幕透光率增强，色彩更加鲜明；全球首发的高通四核 1.5G 处理器让性能提高45%，功耗降低63%。在“米2”手机的发布会上，小米科技一连提出了近百个技术新词。

雷军还表示，做高端手机所追求的不应该仅仅是四核，还要提升全方位多角度的多个性能，这就需要投入更多的成本。也许这些性能消费者不容易从外表看到，但是雷军说小米还是会用真材实料的态度去做，让大家可以一步步的接受。

竭尽成本的定价模式也是独特之处。电子消费品达到一定的批量生产需要很长时间，传统手机往往采取每过一段时间就降低价格的办法。而雷军则是利用摩尔定理赚钱，从一开始就极力压低价位，等到销售数量增加后才开始获取正常的商业利润。正是这种高性价比，让很多“米粉”一次次地准时守在电脑前抢购。

在保证产品“真材实料”，保证产品质量的同时，小米还在服务上下功夫。小米跟同仁堂学做产品，跟海底捞学做服务。

在服务领域里面，小米学习了海底捞，就是口碑营销。口碑营销的核心是什么呢？是专心把产品和服务做好，什么是好呢？就是要超出用户的预期。

在这一点上，雷军曾经在小米内部讲过，他们的目标不是卖多少部手机，交多少营业额，交多少税，赚多少钱。他们真正的考核指标只有两条：第一条能不能做出让用户尖叫的产品；第二条用户买完、用完以后愿意不愿意跟朋友推荐。所以基于这两个理念他们为了专注，在过去很长的时间里面，小米几乎不投广告，几乎不参加任何展位。因为雷军相信一条，如果卖一部手机出去，用户觉得好，他就会自觉自愿地给朋友推荐。

为了说明这个道理，雷军跟大家分享了小米发展的几个数字：第一，MIUI 第一版发布，只有 100 个用户，但到了一年半后，小米手机 1 发布时，用户有 50 万，小米三周年时有了 1500 万用户；第二，小米论坛网友提交了 1.3 亿个帖子，帖子打印出来可以绕地球一周；第三，MIUI 第一版只有 3 个语言版本，不到半年时间已有 25 种。

小米和 MIUI 给外界最大的印象就是粉丝团队的庞大。雷军表示只要最大限度把发烧友和自己的粉丝聚集起来，一定可以成功。正是网友的参与，三年前 14 人的小米才有机会一步一步成长。

现在，当初的小米已经逐步变“大”，此时的雷军还在考虑以下问题：第一，就是他们的产品是不是够好，能不能继续有让大家眼前一亮的产品出来。第二，他们是不是有一个像海底捞的心，是不是能坚持像海底捞一样提供超预期的服务。其实他们还有一些服务是低预期的，雷军自己每天都在做客服，深刻地知道他们还有哪些低预期的服务，怎么把这些服务通过这个系统工程的优化，把每个环节的服务都做到超预期。

正是在质量和服务两个方面的努力，为小米的腾飞插上了翅膀。

口碑的核心是超越预期

雷军曾去过迪拜的帆船酒店，据说是全球最好的，一走进去金碧辉煌。但是，他觉得无比失望，怎么这么土啊。其实帆船酒店还是不错的，只是他的期望值太高了。

雷军进一步解释说：去一个很破的地方，奢望的一星级服务我们就会觉得好，你在大家都是一星级服务的地方做了两星级服务就是高口碑，如果在五星级酒店做五星级的服务是没有口碑了，因为付了那个钱。在五星级的酒店一定得做六星级和七星级的服务才有机会，做五星级是没有机会的。所以口碑的核心是超预期的，就是你做的哪些事情能超越预期。

“我很长时间都在思考为什么海底捞这么火，也看到微博有很多段子说地球人已经无法阻挡海底捞，最后发现海底捞提供了超出用户预期的服务，让普通消费者转化成了品牌粉丝。”

雷军经常举一个例子：在海底捞吃完了饭，送了一个果盘，果盘没吃完客人说要打包带走，服务员不让打包，结账的时候，服务员却送了客人一整个西瓜。这够超乎预期的。

雷军还经常说，海底捞有一个小地方打动他，那就是服务员是真得在笑，是真笑不是假笑！这个社会全是假笑。为此，雷军曾经问过海底捞的一个员工，那是一位40多岁的中年女性。雷军问她，为什么喜欢海底捞。对方听了特别激动，说：“我一下岗女工没人雇我，但海底捞给我每月4000元工资，这是我们祖坟冒青烟啊!”雷军见惯了社会上的假笑，这一次他被这位服务员说服了，因为他看到了发自内心的笑。海底捞的服务肯定不会比五星级的酒店服务好，那为什么有这么好的口碑呢？这个口碑真谛是超预期。小米在做产品的时候一直试图超预期，只有超预期的东西才能形成口碑。

海底捞都开在很一般的地方，当顾客走进去的时候，他的服务超越了我们所有的期望值，顾客觉得好。当顾客去五星级餐馆的时候期望值很高，怎么可能超越呢。

雷军说："很多人说口碑就是好，口碑就是因为便宜。其实不然，好的东西不一定有口碑，便宜的东西也不一定有口碑，又好又便宜的东西也不一定有口碑。口碑的真谛是超越用户的希望值，超越期望值。"

对照这个标准，雷军曾经对自己以前的经历做过反思：当初金山公司之所以一直不放弃办公软件 WPS，原因之一是受盛名所累。金山因为开发了 WPS 而被定义为"中国微软"，被赋予用民族软件挑战微软的重任后，金山公司只要一停止 WPS 项目，批评的声音就如潮水般汹涌而至。

值得雷军参考的，还有美国的卖鞋网站 Zappos。亚马逊在 2009 年花了 8.47 亿美金收购它，Zappos 为什么那么值钱？说白了其实很简单，就是通过服务让用户发出一声"WOW!"的惊叹。Zappos 是怎么做到的呢？就是通过调整用户预期来实现良好的口碑。他们承诺用户，买了鞋子后 4 天能送达，实际上基本隔天即到。还推出售后延迟付款的方式，顾客购买商品后 90 天内可以不付款。甚至允许用户买一双鞋，却能试用三双鞋，然后把不合适的都寄回来——这是免费的。

"互联网上要一个人夸你的产品好，多半的原因是超出了预期，不超出预期没人说你好。而预期是跟期望值比较的，过于高调只会把用户的期望值吊得越来越高。"

在掌握了口碑的本质之后，雷军把它应用到小米的运营当中。小米一直努力让自己的产品和服务超越预期。小米曾经推出了感恩回馈活动，专门为前 30 万小米手机用户制作了感恩卡，还无条件赠送他们每人 100 元现金券。用户感受就非常好，消费者买了手机八个月后，小米还能有100元购物券的福利，这就超过他们的心理预期了。

在价格上，小米也超越消费者预期。从价格上来看，小米用电子商务直销的模式，去掉了渠道成本和销售成本。小米还用新媒体和自媒体营销的方式，包括口碑营销的方式去掉了营销成本。这样，小米就比其他手机商家省了两笔钱。因为小米使用了电商模式，全部直销，没有渠道，没有市场成本，没有销售成本，这样小米做到了非常便宜。小米其实就这么简单，就是用互联网的方式做一个高品质的软硬件的产品，通过电子商务，成本价直销。

小米还制造了一款移动电源。移动电源是一个技术含量不高的产品，但是每个人都需要。所以，后来他们设计了移动电源，用LG、三星的最好的电芯，跟苹果用的工艺是一样的。就这么一个产品，10400毫安的电池，最后小米卖69元人民币。大家惊呆了，小米的目标就是做高品质的东西，并且卖得足够便宜。这就是小米的模式。

不仅在服务上超出消费者预期，在产品质量上，小米也一直走在消费者预期之前。

小米做了高性能、高品质的硬件。小米采用全世界最贵、速度最快的CPU，用了最贵的生产线和最贵的屏幕。以前国产手机都是以便宜著称，用比较便宜的材料、比较便宜的硬件供应商，做比较廉价的产品。小米是第一家旗帜鲜明地做最好产品的公司。

小米为什么一上来就定位成高性能、高性价比？其实，这也是雷军从PC市场得出的经验。PC最后胜出的原因只有两条：高性能、高性价比。这个产业刚转型的时候，品牌、广告可能有很大的价值，但是等这个产业一步一步稳定以后就是这两条，这是雷军从 PC 工业得到的经验。

雷军说：“这个思路一开始就很清楚，一开始的思路我们就是把未来的智能手机当电脑来做，小米手机的硬件可以装不同的操作系统，小米的系统能刷在所有安卓手机上，这不就是 PC 工业已经很清晰的软硬件分离吗？所以我们第一件事情是一上来就做了软硬件分离。”

就硬件制造而言的话，雷军认为够用、适用是永远不行的。也许有人会说，小米这个性能过剩，我这个用不着，跑那么快有什么用呢？跑分有啥用呢？两年前的性能过剩，在两年后的今天可能刚刚够用。就是在别人的高端手机只有 512 兆内存的时候，小米率先一上来就是 1G 内存，在别人 1G 内存的时候小米则采用 2G 内存。而这些，既借鉴了 PC 的经验，同时，也超出消费者对于硬件功能的预期。

硬件跟软件是要分离的，硬件工业未来会变成一个微利的工业，就和 PC 一样。所以，产品高性能、高性价比能长期胜出。

几乎在关乎口碑的一切方面，雷军都做了精心的准备。也正因为如此，雷军站在山顶踢出的小米这块“石头”，才越来越快的滚动了起来。

最好的营销，就是做好产品，做好服务

雷军一直认为：最好的产品就是营销，最好的服务就是营销。

雷军创办小米有几点经验。第一，要下功夫把产品做好，用完美主义的精神把产品做好。第二，要相信用户，相信用户口碑。一个超级忠诚的用户，能带来非常多的用户。第三，把用户当人看，不要把用户当作数字看。因为每个人自己都是用户，把人们想的单纯一点后，你会发现，事情其实就是那么简单。只要下功夫了，能做好，用户是买账的。

所以，小米做的其实是“熟人”生意。小米做好产品，一笔隐形激励是粉丝带来的尊荣感，这也是小米粉丝文化产生的独特化学作用。当初小米手机刚出来的时候，小米员工到餐厅去吃饭，别人一看到小米手机就说：你从哪里弄到这个手机？我们为什么老是弄不到？有时餐厅的服务员甚至老板都要冲出来说给我搞一个吧，我这顿饭就给你免单或者以后你们过来就可以打折。还有这样一个故事，有一次，代工厂商英华达的管理层跟小米合伙人说，我们所有的工人有一个要求是不是能够满足一下？所有的工人都希望能够买到一台小米手机。这些天天在做手机的人怎么会大规模买小米手机？小米方面的工作人员就问为什么。工人的理由是，自从我做了小米手机以后，我觉得我是重要的，因为不管是七大姑八大姨都会打电话过来：听说你在做小米手机，能不能给我搞一台。这种感觉是很爽的。

雷军做传统软件业的时候很关心销量，做手机的时候雷军不这么想了，他觉得质量和口碑是第一位的。要是产品不稳定，那会是场灾难。不要说维护用户的口碑，光退换货就整惨了。所以在初期的时候，雷军觉得小米第一步是建立自己的高性价比和高性能的形象，第二个在用户口碑上建立用户的忠诚度，用户忠诚度越高，宽容度也越高。至于小米销售多少，雷军并不是很担心，雷军关心的是买小米手机的前1000个，前1万个用户，他们是不是满意，因为他们满意了，销量就会大，他们不满意，再大量也卖不出去。雷军说："当真的去了解一个用户的时候，你会发现，那个数字跟数字不一样，一个高度满意的用户，能带来十个用户，一个无比忠诚的用户，最少能给你带来一百个用户。"

当然，用户满意的前提首先是产品质量。对于把小米手机的产品做好，雷军很有信心。雷军觉得其实这一轮的智能硬件的核心思想是电脑化，智能手机越做越像电脑。雷军也一直就把智能手机当电脑来做，当雷军做智能电视的时候，也是把智能电视当电脑来做。在雷军看来，手机未来整个发展路径就是两条，第一条电脑化，第二条可连接，还有一个趋势就是这些硬件会越做越高品质。所以，全社会不缺少商品，但是缺少好产品。缺少又好又便宜的产品。所以，小米的目标是做又好又便宜的产品，并且沿着三个方向走，就是电脑和可连接，还有高品质。

雷军对小米质量自信的另一个主要原因就是，他们不追求利润。关于这个，黎万强用小米的生意模式来回答："小米追求的不是利润，小米是互联网的经济模式，一定是微利的，规模大的，并且是可持续的。"除了手机，小米配件也开始发力。继小米盒子、蓝牙音箱之后，他们又推出其自有品牌小米活塞耳机。除了这些，小米还有多款硬件产品在研发当中，很快也会有所发布。"从长远看，小米赚钱不靠手机，而是靠增值业务。"黎万强所指的增值业务有两方面：一是配套的硬件；二是软件及云端的内容、服务。

2012年，小米全年收入126亿元，其中有6亿元来自于配件产品，软件、服务的收入还没有起来，所以增值业务占到总收入的5%左右。黎万强预计："依目前的增长看，软件单月很快就会达到2000万元的收入。"这样算下来，增值业务会占小米总收入的6%左右。

性能强悍却价格实惠，这是小米手机深得广大网友追捧的重要原因。对于低廉的定价，雷军表示，小米手机这是实实在在的成本定价，这种定价原则极具吸引力。

除了用接近成本的价格作为最终的售价外，雷军还表示小米和一般的商业公司不一样。其他商业公司的员工为了完成老板定下的如今年100亿元、明年300亿元的要求而非常痛苦，小米则会每一个月或两个月就有动态的销售指标，让员工更容易去达成。

有人说，小米的胜利首先是一个品类的胜利，就是开创一个新的品类——互联网手机。虽然好多人在追随，可能好多人其实并没有理解这个品类的真正意义。

以手机起家的小米，收入结构开始调整，向一个更加地道的互联网公司演进。

但在这种演进过程中，雷军又通过对公司考评标准等方面的调整，让整个小米公司更多的关注服务。

雷军说："互联网公司就是量化管理和数字管理，量化管理后就出现了问题：我们只关心日活跃度和月活跃度，只关心GDP的增长，不关心人。用户一安装你的应用，就让它每天自动唤醒，每天背后启动，这都是为了干什么？为了日活跃度，因为投资人都看重日活跃度。但假设用户是你的朋友或者活生生的人，你能忍痛那个手机半天就没电了吗？"

雷军觉得这种KPI（企业关键绩效指标）是有问题的。小米没有 KPI，雷军说一定要放弃 KPI，一有 KPI，小米也变成偷偷自启动，偷偷唤醒，偷偷联网，不是小米有多高尚，是因为雷军想明白一条，小米是不是真正把用户当朋友，这是雷军在努力的方向和自己办小米的一点体验。

现在，雷军最关心的问题有三个：第一，产品是否做好；第二，用户是否满意；第三，在做产品的过程中简化库存的压力。所以他订货一直相对保守，不追求市场份额、不追求卖了多少台，更不追求营业额和利润。他追求的是用户满意度，雷军在公司讲得最多的话是，我们真的要向美国的服务业学习——你服务好了，就有人给 20% 的小费，如果服务不好，别人就不会给小费。

雷军说："很多人认为，一个产品若想被用户所认可，得到口碑相传，就得多露面、广宣传。但我认为，最好的营销，就是做好产品，做好服务。在今天浮躁的移动互联网世界里，你可以静悄悄地进去，做出超出用户口碑的东西。"

有人说，未来主宰世界的是操作系统，设备会越来越不值钱。不过，雷军把问题想得更透彻，他说，做操作系统不难，难的是建立操作系统上的生态系统。显然，以小米手机为中心的健康的生态系统，已经在雷军那里初具规模了。

极客精神与粉丝经济

小米的品牌定位是年轻人、发烧友。在这样的产品定位下，需要一种"为发烧而生"的极客精神，从最早的小米手机到现在的小米路由器，产品都提倡"简单、极致、快，为发烧而生"的极客精神。

雷军认为，互联网时代，与客户之间应该是一种互动的社交关系，而不是买卖关系。小米的创新，是一系列创新组合的结果，而不单指某一方面的创新。在这个过程中，小米非常注重和用户之间的直接沟通和情感建立。如果说这些年在业内的经历让雷军学到了什么，那最重要的部分之一是要拥有粉丝而非用户。用户跟粉丝是两回事，用户是在没有更好选择的时候用你。雷军说："怎么真心真意对待你的每个用户，怎么让你的粉丝支持你，这是最重要的。"

雷军之所以如此做，是因为小米产生的时代背景跟以前已经不一样了。在互联网发展的前十年，整个行业处于拓荒状态，只要把握住了合适的产品方向，就能依靠"人口红利"迅速累积用户基础。但如今，激烈的市场竞争让用户对产品的鉴赏能力大大提高。只有极度贴近用户，与之交流，建立情感维系，才能支持产品的发展。

MIUI 论坛粉丝的发展是雷军和小米团队目前引以为傲的部分。2010 年 8 月 16 日发布的 MIUI 正是在没有任何宣传推广的前提下，靠好的产品和紧密沟通赢得了 40 万狂热的论坛粉丝。粉丝的建议会在这里受到高度重视，体会到很强的成就感。小米搞好与粉丝之间的关系，具体做法有很多。比如每个月一次的爆米花，米粉同城会；比如通过 MIUI 论坛，消费者、供应商、渠道都可以在研发阶段参与新品的开发与设计；比如通过微博、微信、QQ 空间与消费者频繁互动。

"我们不是做产品，我们是做用户，做社交网络。互联网时代，人与人之间的关系方式发生了改变，产生了 Facebook 这样的社交网络，人与公司、人与产品之间的关系也会变化，你可以把小米公司理解这样的社交网络公司。”雷军说。

可以说，雷军是把粉丝经济引入到商界的第一人。

小米的成功模式主要有三条：第一，零费用的营销成本；第二，零费用的渠道成本；第三，零库存的预购模式。而这正是小米粉丝经济的主要特点。

粉丝经济让小米获得了巨大的实惠。一般来说，手机厂商一直是广告商的客户。他们每年的广告费用都在5亿—10亿元，比如诺基亚、摩托罗拉等成熟品牌，每年都要花很多钱做推广。对于一个新的手机品牌来说，要花大笔钱用于推广，会是个大问题，那么新手机品牌该怎么做？以小米为例，作为一个手机新面孔，它与传统手机品牌的做法大相径庭，在营销上的花费几乎是零。

小米的崛起，就是粉丝经济的一个模板。小米是靠社会化营销抓住第一批忠实用户的。一开始，雷军想通过预购形式推出小米，但又不想花广告费，所以在微博上搞了一个活动——“秀一下你的手机编年史。算一算你用过什么手机？多少钱买的？什么时候买的？把图片发到微博”。据统计，最后共有56万人参加这个活动，大部分人最后都成为了小米的粉丝——米粉。小米手机首次预售时，34小时内收到了30万订单。2012年5月15日，小米在新浪发微博，要向大学生推出15万台青春版手机，售价1499元。第三天，15万台手机上线销售，10分钟内便宣布销售一空。

粉丝经济也让小米大大增加了盈利空间。雷军在接受采访时曾经说过这样一段话：“传统厂商每卖出一台手机，基本算是生意的结束。而小米每卖出一台手机，只是一个生意的开始——先用手机把用户吸引过来好好伺候成‘米粉’，再通过其他途径赚钱，毕竟，粉丝的钱比用户的钱好赚。一切以‘米粉’为中心，其他一切纷至沓来。不要在乎现在得到了什么，只要在不怎么赔钱的情况下把用户当‘爷’一样伺候好了，‘爷’最后怎么会不给你点钱呢?”

小米的粉丝经济已经形成了一个完整链条。

小米与供应商、服务商、物流商等合作伙伴也是另外一种社交网络。与用户之间的社交网络一样，关键在于实现价值交付。

小米手机用户分为三类：一类是会玩手机的发烧友；一类是被核心发烧友直接影响带入的消费者；还有一类是受到品牌社会化影响而加入购买的。

对小米来讲，最核心的圈子是50万个核心用户，构成了小米的最核心的价值。他们普遍买过好几款小米的产品，一直关注小米的产品，一直通过MIUI论坛、微博、微信、QQ空间等社交平台与小米进行互动的用户。这50万用户可以影响5000万用户，算第二层，是小米产品的一般用户；最外一层则是小米的潜在用户，小米希望里面两层用户影响他们。

在小米公司，无论刚上班的年轻员工，还是上了年纪的老科学家，比如周光平（小米联合创始人）博士，都要泡论坛，玩微信，上微博，与米粉互动。

“小米手机可以刷MIUI，可以刷安卓原生态，还可以刷点心操作系统。”黎万强说，MIUI的开发原则是市面上哪一款手机卖得最火，MIUI就会去做适配，“三星Galaxy II发布的时候，我们最先去做适配。我们对合作的心态足够开放”。

MIUI通过自己的方式黏住一部分用户，米聊目前总体用户

1500万，每天有几百万活跃用户，这与过亿用户的微信相比显然过于微小。尽管如此，黎万强认为，单独从米聊这款通信工具来讲，面对腾讯这样的巨头，仍然存在弯道长跑的机会，小米公司内部对米聊的态度仍是加倍投入。“在WIFI环境下，免费通信是必然趋势，米聊这样的即时通信工具一定是标配。”黎万强说。

“小米在全国有32家小米之家，在新媒体营销环境下，他们作了很好的线下延伸。其实这就是动员，我一天到晚琢磨说，我创业没钱，也没多少个人，我们怎么动员足够多的人，帮助我们把产品做好。最后全世界的‘米粉’帮我翻译了25个国家的语言版本，帮我在17个国家建立了办事站，帮助我做了一千套主题，一万种问答方案，帮助我在我的论坛里发1.3亿帖，小米论坛每天20万帖，我估计在整个互联网上，比我们规模大的应该不多了。我们在互联网上，把人民群众全部发动起来。”雷军说。

小米的成功，不仅是粉丝经济的成功，也是营销的一次革命。

《哈佛商业评论》曾经有一篇文章：《传统营销已死》，认为包括广告宣传、公共关系、品牌管理以及企业传媒在内的传统营销手段都已经失效。很多还在这一行的人们似乎还没有意识到，他们所在的部门或者组织已经只剩下躯壳了。而建立于同伴影响力和社区导向的新型营销手段已经登上舞台，通过真正的顾客关系，它将为企业创造持续的增长。很显然，小米手机提供了一个很好的思路。

小米的初步成功，从某种程度上说是粉丝经济学的胜利。小米，不仅制造了一款火爆的手机，也必将开启一个营销新时代。

互联网是一种方法论

作为2013年年度经济人物，雷军在颁奖典礼上对制造业与互联网的关系，给出了他的判断。当时，雷军、格力集团董事长董明珠、阿里巴巴集团创始人马云，对此问题给出了三种不同的论断：董明珠认为互联网是渠道，服务于传统制造业；马云认为互联网是工具，一种与传统思维兼容的工具；雷军认为互联网是一种新思维，需要抛弃传统制造业思维。

三种思维，三条路径，谁胜谁负？马云当晚说得好：二十年后再看。

“一些人认为互联网是渠道，在网上买东西就可以；另一些人认为互联网是工具，与传统制造业思维兼容。我觉得互联网是一种思维，以互联网的思维看世界，重新定义制造业，发现一套组合式的互联网创新模式。”雷军如是说。

其实，关于互联网思维，雷军卖掉卓越网后就开始思考，足足想了半年多，他才觉得自己对互联网有了一点点感觉。这个门道是什么呢？雷军认为：互联网是一种观念！互联网其实不是技术，互联网是一种方法论，用这种方法论就能把握住互联网的精髓了。

雷军的小米，就是典型的互联网思维的产物。雷军的互联网思维的核心包括：互联网时代的全球分工、粉丝经济（以产品为基础经营用户）、全流程跟踪的体验经济、并行开发的产品开发模式等逻辑。小米正是基于这一整套逻辑与用户以及整个生态链实现价值交付。

但这只是雷军解读小米的逻辑，却与外界解读小米的逻辑不符：外界通常的解读是互联网营销。雷军说，误读往往成为外界批评小米的根源。

其实，从硬件开始，小米已经注入了互联网思维。

作为国内最早一批进入手机行业的专家之一，小米负责手机硬件的联合创始人周光平于1995年便加入摩托罗拉，担任美国摩托罗拉手机总部核心设计组专家。

当时，雷军和周光平最契合的观点之一，就是互联网化的产品开发模式："好的产品应该是由用户定义的，而非由工程师拍脑袋定义的。"

周光平说，这些年来，通过对若干手机公司盛衰变迁的观察，让他坚信这个结论。"我们做手机不是说想把什么带给用户，而是用户需要什么，我们把它做出来。"

毕竟，没有人可以复制乔布斯般特立独行模式的成功。小米便选择走更彻底的互联网模式：充分听取用户声音，快速试错，快速迭代。

对于互联网速度而言，这还远远不够。小米手机的操作系统MIUI是首个实现每周升级的手机操作系统。它一改传统手机系统"闭门造车"的模式，完全以用户需求为导向，MIUI团队的一大工作就是泡论坛，广泛收集论坛上粉丝的反馈，根据这些反馈来解决Bug，推动升级。同样，米聊团队也会充分收集来自微博、论坛等各个平台的用户反馈，快速迭代。

除了聆听论坛上40万粉丝以及来自11个国家粉丝站的声音之外，MIUI还拥有更深度参与的"荣誉开发组"。这个小组由120多名自愿申请的发烧友组成，在MIUI每周升级的节奏中，周五发布新版本，周六到周一MIUI团队收集反馈，修正Bug，周三又将更新的版本交给荣誉开发组的成员测试，不断修改，周五下午五点再向外界发布。在这个过程中，要不要做某个功能，这个功能开发出来后实际效果如何，该如何改进，都由这数十万用户驱动。

因为应用了互联网思维，小米手机成为一个“活的系统”，通过操作系统定期升级，让用户买到的手机有问题及时解决，越来越好用。

在创立小米的时候，雷军和团队就达成了一个共识：小米要同时涉足硬件、操作系统、互联网应用三个层面，只有三者结合在一起，小米才能将整体体验做到最优化。

小米手机正式发售前的最后一次小范围“公测”，也是由MIUI论坛的发烧友完成。先期发售的600台工程纪念版手机，只针对满足一定条件的MIUI论坛发烧友，小米鼓励这些愿意尝鲜的发烧友在使用过程中及时反馈问题，根据这些问题的重要程度给予奖励。如若遇到严重问题，购买者可换正式发售后的新机器。

根据这些反馈，小米会不断在操作系统的升级和手机迭代中将性能和功能不断调试。

在小米手机发售前，市场对于它的质疑之一是在复杂的竞争环境下是否会保持开放，比如能否兼容竞争对手的应用？这一质疑并不难理解，不乏有公司把手机终端当成了一个自身利益的载体，建立围墙。

互联网的精神是平等和开放。在互联网时代，产品迁移成本越来越低，想建立一个围墙把用户圈在其中的做法只会失去用户。

开放是小米的信条。在小米手机操作系统MIUI的成长过程中，很多模块都向用户开放。用户可以提交 Bug，跟踪 Bug 处理的进度，他们也为 MIUI 开发了千变万化的主题和锁屏样式。正如雷军所说："我们营造了一个粉丝的社区，链接了全球发烧友，让他们一起来帮我们完成。我们是一个开放式的操作系统。"另外，MIUI 也致力于将一些源代码贡献给开源社区，比如 MIUI 中的 FM 收音机。

对于应用开发者而言，MIUI 系统可以兼容任何针对安卓开发的应用，不需要做任何适配和修改。对用户而言，小米手机不打算建立任何围墙，完全开放系统权限，对 MIUI 不满意的用户可以刷任何系统，包括刷回安卓原生系统。雷军表示，之所以这样做，是希望用户真正因为产品好才愿意使用 MIUI，而不是因为它捆绑进了小米手机而不得不用。

小米手机是首个互联网手机品牌：它不仅利用互联网模式开发，利用互联网销售，商业模式也是"互联网化"。比如，对于传统手机厂商，依靠卖硬件挣钱几乎是铁打不动的规律。即便是在互联网体验上做到极致的苹果，来自硬件的盈利也大为可观。但小米的赢利点却不在硬件，而在与基于硬件基础上开发的增值服务。

小米的销售更是互联网化。

小米是在产品的基础上经营用户，通过一整套互联网思维打造一套与用户互动的体系，小米更多地利用了互联网思维，做组合式创新。包括铁人三项的产品开发模式，也包括"互联网营销+电商直销+社交式客户关系"的组合创新模式。

所以，作为纯互联网手机品牌，小米手机采用了互联网销售模式，不设线下渠道，最大规模地减少中间的渠道成本，大大降低了价格门槛。要知道，品牌手机在到达消费者之前，经过层层传统渠道，其成本抬升低则一两百元，高则六七百元。

事实上，移动互联网和电子商务正是雷军这几年最关注的领域。而小米手机将雷军在这两个领域的深入思考集合为一体：使用电商方式降低消费者的进入成本，让更多的人能拥有终端，再通过顶级配置、较好的移动互联网应用和服务留住用户，形成口碑。

小米充分体现了互联网的商业核心逻辑：当你拥有足够多的用户之后，盈利模式还会远么?

8

管理者的成功是大家都感到成功

董事长就该做董事长的事情

雷军说，董事长要做的事主要有三点：第一，什么时间点做什么样的事情，这决定了公司的方向和战略；第二，用什么样的人来干这件事情，寻找德才兼备的人不容易；第三，怎么让人有动力愿意打仗，怎么样能够把事情做成。

坐好董事长这个位置，最重要的是看人看事的眼光，是经验、阅历和胸怀。

其实，任何人在做事之前，都要先定好位。根据定位，确定自己的职责。只有如此，才能把该干的工作做好。

善于准确定位，是雷军的一个特点。雷军在 2010 年重回金山担任董事长的时候，自己规定了上任后的三大任务：首先是坚持金山各业务 MBO（目标管理法）计划不改变；其次是金山坚持做投资占股公司，为各业务线帮忙不添乱；最后，雷军和求伯君还将寻找新的 CEO 人选。

对一个董事长来说，仅仅知道自己应该做好什么是不够的，一个合格的董事长，要想把工作做好，更要知道什么工作是自己不能干的。雷军不仅知道董事长应该做什么，对于董事长不能做的事情，他也很清楚。第一，不与总经理争权，有意见可以提，但不要轻易干预总经理的决策；第二，不与总经理争功，要充分肯定总经理的成绩和贡献。尽量干些管理团队干不了或者不喜欢干的事情，比如得罪人、求人的事。

一个会干的董事长，肯定不是一个包办一切的董事长，一个包办一切的董事长，注定不会是一个好董事长。一个合格的董事长，不在于自己做了多少，而在于团队做了多少。

雷军是多个公司的董事长，同时，还是小米的 CEO。雷军很注意董事长跟总经理之间的区别，也注意把握两者之间的分寸。

金山 CEO 傅盛曾经捧得“2011IT 新锐人物”大奖。傅盛是一位创新型企业领导者，带领企业积极创新，对企业发展起到极大的推动作用；傅盛还得到行业及广泛人群认可，极具个人魅力，在行业发展、管理创新等方面有突出作为。

傅盛这种锐意改革、创新的作风也获得了雷军的赞赏。雷军曾如此评价：“这些年，我见过不少有能力的人，但是真正有决心和毅力的，真正有创业精神的，我看到的，只有傅盛一个。”

也正是雷军的鼎力支持与大胆放手，傅盛才有了更大的空间。傅盛在担任金山网络 CEO 之后，大刀阔斧进行改革，将金山这家传统的软件企业成功转型成为一家充满活力的互联网创业公司。在金山网络成立之初，傅盛就宣布金山毒霸永久免费，顺应了互联网免费大潮，并在一年内将用户数拓展到1亿，改变了此前一家独大的市场格局，对国内安全市场的健康有序发展做出了极大的贡献。

公司是需要合作的，合作的一个重要方面就是专业的事情让专业的人做。对一个董事长来说，尊重专业的人的意见，倾听并采纳专业的人的意见，这是董事长重要的素质。不懂技术，就不要对技术的事情指指点点；不懂市场，就不要对市场的事情瞎掺和。

放手，是以信任为前提的。一旦找到了认为靠谱的人，雷军就会充分给予信任。雷军等创办的顺为基金曾经投资了一家名为宝宝巴士的早教APP。其创始人唐光宇也是连续创业者。唐光宇本人并不认识雷军，他对雷军的投资多少有点担心。唐光宇给自己定了两条底线：绝不会签订对赌协议；坚决不会丧失公司的控制权。后来在北京见到雷军时，他觉得自己的担心很多余："他是相信了你这个人、你这个项目才投你的，所以不会签什么对赌协议制约你的。"

有些老板觉得只要是老板，就要什么都懂，什么都要干预，什么事情都要过问。而公司的事务重要的是细节，而细节性的东西，就需要专业的人负责，专业的人来研究。如果一个公司的领导事无巨细都要自己过问，那一定会出现两种情况：要么这个公司无法做大，因为一个人的能力是有限的，受到个人的局限，公司无法做大；要么公司无法做好，因为公司同样会受到个人的局限，只能小作坊式的发展。

做大事需要合作，合作就要分工，分工就要明确责任义务，就是要专业的人干专业的事。如果有具体的业务，就让有这方面专长的人去做。每项工作要做到极致，都需要付出巨大的时间和精力，这些都不是一个人所能完成的。一个好的团队领导人，是否合格的标准就是能否让自己很闲，让团队中的人很忙。

雷军不仅懂得合作，而且懂得协调自己的精力分配。现在的雷军，身兼几家大公司的董事长，很多人都怀疑他的精力分配问题。对此，雷军说："现在，我想我的主要精力肯定主要是在做小米，因为金山我是董事长，最最关键的是物色合适的管理层，做好董事长该做的事情。顺为基金更重要的是找了一个管理班子帮我管理投资和我的一些投资项目，因为我过去这些年一直在做天使投资人，投了很多项目。实际上金山对我而言是多了一件事情，顺为基金是可以帮我在我以前在投资的项目上减少一部分精力，总体上来说还是挺好的。"

一个合格的董事长不仅要懂得合作，做董事长还要懒，要坐得住，忍得住，看得下去，闭得住嘴，当然也要管得住自己的手。不该自己说的不说，不该自己管的不管，不该自己做的不做。

在小米，雷军是董事长和CEO双重身份。在雷军看来，董事长跟CEO是两个职位，虽然这个职位在很多公司里是合二为一的，但是不少公司也是分离的。在雷军看来，董事长更多是扮演一个所有股东的代表，他要做的事情是代表股东的利益，然后和管理层沟通，做得最核心的事情不外乎就是找到CEO合适的人选，激励和管理团队。怎么帮助CEO理清公司战略，怎么把事情理清楚，这是董事长非常重要的工作。对CEO来说，每天的工作是需要跟团队一起打拼的；董事长则是一个代表，不用直接干，CEO 是要直接干的，不管事情大和小，这是这两个岗位的差别。

在小米，因为雷军是董事长，同时又是 CEO，所以，他实际是参与很多工作的。雷军说："我的工作跟林斌的工作是一样的，我们两个人管同样的事情，更多是我们俩商量一起做，建班子，定战略，带队伍。除了这几件事情之外更多是在一起讨论我们产品设计是什么样，哪些点可以打动用户，然后我们特别关注用户反馈，用户体验，所以我主要工作就是刚才这几点，当然我觉得这些工作都有林斌的贡献在里面，我跟他是一起完成写工作，还有小米的五个合伙人，大家都分工在每个领域里面，其实他们几个人都是能管很大队伍的人，我跟他们开玩笑，现在 200 人，也许我们任何一个人都能搞定了，我们这么多聪明人堆在一起，必须拉开才可以打好仗。"

也正是因为雷军懂得董事长应该做的事，所以，他能做多个公司的董事长。

雷军目前可谓多线作战，多路开花，其在移动互联网、游戏、电子商务等领域均有多项投资。雷军旗下的小米、多玩等业务，均已发展到最为关键的时期。雷军也明确表示，自己今后的精力分配将是：小米、多玩和金山。

现在的雷军，是一个很懂得做减法的人："中国很长时间是产品稀缺，粗放经营。做很多，却很累。一周工作 7 天，一天恨不得工作 12 个小时，结果还是干不好，就认为雇佣的员工不够好，就得搞培训、搞运动、洗脑。但从来没有考虑把事情做少。"

"把事情做少"，也许这就是雷军能够做多个公司的董事长的重要秘诀吧。

好做法要成为习惯

雷军说：公司最难管的是白板。去不少公司开会，发现白板没有擦，擦完以后，发现白板笔没有水，再换一支，也不能用。难度在于公司每个人都必须养成好习惯：每次会议结束后，一定要把白板擦干净再离开，还有，如果白板笔用完一定要扔掉。

其实，白板笔是细节。但这些细节能否做好，能否形成习惯，并使之成为一个公司的文化，却是一个很粗壮的问题。

在微利时代，企业之间竞争已经白热化，而企业之间的竞争也成为细节上的竞争。一个好思路吃遍天下的时代已经一去不复返了。不管是企业的运营还是行业的选择都日渐精细的时候，竞争逐渐成为运用在管理和运营之上脑力的打拼。当然，随之而来的还有文化的竞争。产品与服务的质量，已经不再是竞争的壁垒；当前面两者都做到了之后，只能是人优我细了，也就是在细节上不断打磨，在细节上超越。当然，这还不是终结，最终的极致要形成自己特有的文化。

文化，首先是正确的行为习惯。

细节要成为文化，就是要把一些正确的东西，养成习惯。就如同接受别人帮助的时候，非常自然地说："谢谢。"打扰别人的时候，自然地说："对不起。"而不用临到用的时候，再搜肠刮肚的去想合适的措辞。

一个员工是否成熟和优秀，不在于他能做到什么，而是要看他有多少正确的行为已经形成习惯。

职业化是把外在的规则内化为自己的习惯。如同看见红灯，自然就知道停车，而不去考虑是白天还是黑夜，有没有警察，有没有安装摄像头。

支撑一个公司存在的，必须有软硬两个方面，硬的方面是制度，软的方面是文化。尤其对一个大公司来说，文化更为重要。

一个创业型的公司，在创业初期，会形成一定的文化，但在由小公司在向大公司过渡的过程中，非常容易因为文化被稀释而倒在门槛上。

小米最多的一年招了2000多人，怎么在如此高速的扩张中保持公司的文化不稀释？小米的文化建设，是从招聘开始的。小米在面试的环节把握得比较好，小米对需要什么样的人非常清楚，他们需要的不仅仅是有能力的人，更重要的是寻找有梦想、有热情、有责任心的人。要是没有责任心的话，对小米那将是一场灾难。小米不打卡，工作量又很大，而且又信任员工，这个时候又没有考核，又没有监督。所以小米在努力寻找有责任心的人。

小米从一开始，就在建立自己的文化。一个公司的文化，并不能随便移植。文化与制度是对人的，每个地方的人文气息不同，就需要不同的文化。在土壤上面，自然生长的植物最茂盛，文化最好是在制度的基础上自然生长的健康的东西（其中要经过不断人为的干预，去芜存菁）。移植的东西反而更难存活。一方水土养一方人，一方人就有一方人的文化。文化是形成的，尽管在形成的过程中，可以借鉴，可以引导，但没有一种成功的企业文化可以移植，文化只能土生土长。强硬的移植他人的文化，弄不好，还会造成像外来物种入侵一样的灾难。

在公司中，文化是人的文化，而健康的文化又塑造合格的员工。

有责任心的人，这正是小米在文化建设上成功的诀窍。文化不是凭空出来的。用植被与土壤来做比喻：植被是文化，而土壤则是制度与流程。缺少文化，制度与流程就缺乏生气，缺少营养，整个公司也会失去活力。但是，没有制度和流程作为基础和土壤，根本培养不起植被。

文化，必须从每一个人做起。在团队建立初期，雷军找的主要就是志同道合的人。

2010 年 4 月，雷军和几个合伙人创办了小米。其实雷军觉得下定决心做小米，不是一件容易的事情。他焦虑过很多的事情，比如说他以前从来没有做过手机。当他决定做手机的时候，才发现组建一个最棒的团队有多难。为了找到硬件方面的人才，做小米手机之后，雷军对其他创业者最大的建议就是做你喜欢做的事情。雷军觉得就做你喜欢做的，认认真真地做，用心做就行了，这个用心是对的。

雷军创立小米科技之后，他有很多引以为豪的地方，其中之一就是他的“豪华团队”。而据雷军自己讲，他对小米员工要求有三点：一是，专业技能；二是，团队的协调能力；三是，责任和担当。

如此一来，小米团队自然形成了对公司的忠诚。

忠诚是不能勉强的。让员工对公司忠诚，只能理解为对事业忠诚，对某个领导或者老板忠诚，有自己内在的职业操守，做到这些，主要实施者是公司而不是个人。从事业方面来讲，公司选择的经营方向要光明，有前途；对人忠诚来讲，也就是公司的领导要会“做人”；而职业化素养除了坚持个人学习之外，公司还要有良好的制度和文化进行培养。

小米公司的文化，是相互的信赖，彼此的支持，以及为了共同的目标而努力的冲动。首先，利益要一致，大家目标清晰。另外一点，创始人团队要分工明确，互相信赖。在小米公司内部，几位创始人分工非常明确，都能得到充分授权。“你只要盯着自己面前的‘敌人’，不用担心背后会有冷枪，因为战友肯定把他那一方阵地守住了，我们之间有充分的信任。”刘德说。

在小米的一次发布会上，有个人的出场引起了尖叫，那就是谷歌公司全球副总裁 Hugo Barra（小米公司的人称他为“虎哥”）。他穿着印有小米 LOGO 的黑色短袖 T 恤，还生硬地说了几个中国网络用语逗观众开心。一个月后，虎哥离开谷歌加盟小米公司。

其实，虎哥在最初接触小米时，比较担心自己能否融入小米公司。众所周知，谷歌崇尚的是强调自由、开放的硅谷文化。一个人初到一个公司，对其形成最直接影响的，是公司的文化而不是制度。让一个公司从优秀到卓越的，也是公司的文化。制度是生硬的，只有文化才能深入公司的各个层次和细节，只有健康的公司文化，才能让制度层面的东西内化为员工的自觉。

不过，雷军打消了虎哥的顾虑。融合来自不同公司人才，被认为是小米公司成功的关键因素之一。显然，雷军并不满足于成为中国一流的公司，他当初没有机会把金山打造成为市值 200 亿美元的世界一流公司，这种遗憾或许能借助小米公司弥补，尽管最终能否成行还是遥远的未知数。

把人聚集在一起并不一定就能做成事，只有把人融合在一起，才能让一群人爆发出巨大的能量。而真正实现人与人之间融合的，是对共同文化的认同。显然，小米已经形成了健康强大的文化力量。

必须有一个“意见”终结者

雷军在读大学的时候，被几个朋友拉去创业。当时四个人，股权分配每人25%，大家都很高兴。没过几天，问题来了，每件事情都需要反复讨论，到后来几个月，甚至改选了两次总经理。最后公司关门了。雷军由此得出的经验是三人或以上的合伙人创业，一定要有明确的牵头人，不能平分。

小米公司现有8位联合创始人，分别来自金山、微软、谷歌等。有人跟雷军认识了好几年。比如黎万强之前是金山词霸总经理，属于雷军旧部；后来加入公司、负责小米电视的王川早就跟雷军认识。但是雷军和硬件圈的人则不熟悉，比如主管硬件的周光平最早是摩托罗拉的，而主管工业设计的刘德之前在创业。

这些人是为了“一个共同的理想”走到一起来的。“你想想，三年前我们还是路人呢，擦肩而过谁也不认识谁。”刘德打了个比喻：“现在我们做手机，打一场特别残酷的战争，你必须相信你的兄弟，以命相许，否则你胜不了。”刘德说：“一堆强人在一起扎堆，要有个更强大的老大。小米的特点就是：能人多，老大足够强!”老大当然指的是雷军。有镇得住场子的老大，有冲锋陷阵的猛将；能处理好公平，但又不是平均，这是小米团队架构的成功之处。

一个家长制管理的公司不好，但一个什么都平均的公司，更不好。或者说，平均主义的团队架构更要命。一个强手林立的团队，更需要一位强力的“老大”。

在小米内部，虽然雷军有足够的资格做“老大”，但并不意味着小米内部没有出现过激烈的冲突。而且这冲突来得很早。小米切入手机行业最早是以基于安卓系统深度定制的 MIUI，当时 MIUI 问世之后好评如潮。有管理团队的人提出，也许做 MIUI 就够了，毕竟做手机硬件是一场耗资巨大的工程，随便开个模，几十万元就出去了。批量生产要沟通无数的上下游环节，更麻烦的在于之后的售后服务等环节，关键是当时屋里坐着的没有一个人碰过硬件。

雷军不同意，他在最早决定出山时就决定做手机了。在专心做天使投资的几年里，雷军对移动互联网和电子商务有了深入观察。“移动互联网是软硬一体化的体验，我看了移动互联网 5 年时间，琢磨完了，开始研究终端，国内所有的厂商都去看过了。发现所有的终端都不够好。”雷军说。他想打造出能拥有死忠发烧友的智能手机。

但管理团队中有这样的想法也太正常了，他的创业合伙人之前都是在大公司工作，是训练良好的职业经理人，对于风险他们天生要更谨慎，对于成功也更容易满足。

雷军说，MIUI 不错，而且肯定能成，做成个 10 亿美元的公司没问题。但是 YY 也是个 10 亿美元的公司（后因为资本市场环境等因素，上市估值为 6 亿美元），这对于他没有挑战。

几次讨论之后，雷军说，如果大家都只想好好做 MIUI，那我退出公司。我要做的是 100 亿美元的公司，没人投钱，我就自己投自己做。有了雷军这样的表态，事情才告一段落。

另外一次是有关米聊。小米最初成立时，人数不多，MIUI 是个重要的项目，雷军想再成立个项目小组做米聊。有团队成员说，人手紧张，为什么要做这个？“我当时判断，腾讯可能一年之内反应不过来，米聊有一年时间发展改进，将是个大机会。”如果成功，米聊将取代 QQ 成为移动互联网时代的即时通讯工具霸主。雷军当时还有侥幸心理，即使腾讯反应过来，米聊还有 50% 的机会，打败一个大公司也未尝不可能。当然，后来的结果是雷军赌错了：腾讯反应相当迅速，张小龙带着微信横空出世。“人家腾讯快 700 亿美元的公司，凭一个小公司，三个人就把它搞翻，这是六合彩，中了很高兴，没中也没事。好好做，等下一个弯道（超车）。”雷军说。

牛人多，想法就多，不过，有雷军作为意见的“终结者”，小米其实很专注。在成立的前三年，他们就做了两代手机，一个小米盒子。MIUI 等其他业务不过是在一款机器里做了拆分，有软件，有硬件，有服务，力求把单款产品做到最好。

雷军是小米公司的意见终结者，但这并不意味着雷军是实行家长式管理。“乔布斯是个我行我素，不在乎别人的人。我不是那样的人，这是我的缺点，当然在中国社会你可以理解成是优点，其实对工作强度很重的创业者来说，学会说 NO 很重要，你得承认自己并不是无所不能。但是我也不可能再改，已经四十不惑了。”雷军说。

一家公司，尤其一家大公司，发扬民主是很重要的，但更重要的是一定要有集中。

只有民主，而没有集中，就会形成这样的局面：人人都为公司负责，却没有人为自己的工作负责；每个人对公司的事务都可以说三道四，却没有人对每个人的工作进行监督。

各负其责是一个员工的本分，逐级反映问题是一个公司的秩序。而做到这些，就不会人人都当主人。人人都会从公司的发展中得利，人人都应该维护公司的利益，但不是人人都可以对公司的事务说三道四，任何部门都可以对其他部门的事务指指点点。

一个团队要管理好，则既要民主，又要集中。只有集中才会最终成为决策，才会形成最终的贯彻。很好地发挥民主集中，对一个领导提出更高的要求。如果一个领导太强势，就会导致下属对所有决策过程采取一种“事不关己，高高挂起”的态度，表面上看起来一致同意，天下太平，实际上，领导只能获得一种自我感觉良好的安慰，真实的执行情况以及存在的问题，却一无所知。“防民之口甚于防川”，一个过于强势的领导，对团队的积极性是一种压制。

雷军在集中的前提下，很好地实现了民主。事实上，由于手机属于门槛相对较高的科技产品，其中元器件就到达了850个，还有操作系统、软件应用等，需要几位创始人不断地磨合和妥协。

比如，小米手机的最终版本，一般都要比最初的设计稍微厚一点，虽然薄符合主流的技术审美，但是考虑到电池的续航能力，考虑到更高的性价比等因素，妥协成为了必然之道。正是因为清晰的目标、一致的利益和清晰的分工，这种妥协形成了可持续性的信赖关系。

正确的领导方式应该是充分听取意见，意见总是凌乱的，其中很多还是不靠谱的，但有些确实是对既定方针的补充和纠正。听取意见非常重要，而要充分听取意见，就不要过早表达自己的看法。这个时候不是领导显示自己能耐的时候，而是让团队成员充分表达自己看法的时候。关键不在于把问题分解讨论，而在于集中成统一的看法。

在这个过程中，更具挑战性的是如何形成统一的意见。过于弱势，形不成统一意见，不能尽快形成决定，就无法尽快贯彻实施。一个团队，必须有一个意见终结者。作为一个合格的意见终结者，雷军带领着那帮子牛人，把小米做成了“大米”。

管理是一门艺术

小米的组织架构基本上是三级：合伙人一层，工程师一层，基层员工一层。小米是以工程师为主的，这些人都非常有经验，这些人的简历和能力超过了许多创业公司的副总裁和CTO，他们实力都非常强。所以小米很多的决策都下移到工程师来决定。在这样的情况下，工程师和合伙人主要是监督的角色。

小米不会让团队太大，稍微大一点就拆分成小团队。从小米的办公布局就能看出这种组织结构：一层产品、一层营销、一层硬件、一层电商，每层由一名创始人坐镇，能一竿子插到底的执行。大家互不干涉，都希望能够在各自分管的领域给力，一起把这个事情做好。

小米不仅扁平化管理，雷军在组织形式和管理文化上也做了不少出格的事。

第一，小米没有KPI。这在传统企业看来是很不可思议的，即使在互联网公司也没有哪家企业是不做绩效评估的。

第二，他们的管理层很少，他们的管理异常扁平化，把职能拆得很细。这也对合伙人的能力提出很高的要求，因为这意味着他们要管的事情很多。目前看来，他们几个合伙人都还顶得住。

第三，不开会，甚至做出的决策都不发邮件，有什么事情就在米聊群里解决，连报销都在米聊截个图就可以了。

很多公司都知道扁平化的好处，但是，经常一放就乱，只好采取军队式的多层级管理。更让人惊奇的是：如此扁平化，小米竟然没有 KPI。

维持扁平化加速度的第一源头是小米的八个合伙人。以前是七个，雷军是董事长兼 CEO，林斌是总裁，黎万强负责小米的营销，周光平负责小米的硬件，刘德负责小米手机的工业设计和供应链，洪锋负责 MIUI，黄江吉负责米聊，后来增加了一个——负责小米盒子和多看的王川。洪锋称："这个公司的业务雄心和容量大，所以说它足够容得下这么多有能力的人，大家都希望我们的创业伙伴能够在各自分管的领域给力，一起把这个事情做好。"

当然，小米的扁平化管理，最主要的推动者还是雷军。他说："我希望小米是一家小公司，我看到大公司就头疼，我们原来做金山时候，把小公司做成大公司，管理特别严格，各种层级、KPI、总结、汇报、规划。等我退休几年以后，重新做公司的时候，我觉得这一类的东西都腻味了。所以我们办了一个不洗脑、不开会，没有 KPI、不需要打卡的公司。我们一年 365 天只开了昨天上午三个小时的会，我最烦开会了。"

小米的员工数量已经超过 2400 人，但雷军依然认为，它还是家典型的小公司。曾有一段岁月让雷军十分苦恼，怎么把一个这种规模的公司永远保持小公司的活力？

近两年，小米确实是这样做的。它的第一款产品 MIUI，产品出来后只挑选了 100 位用户，团队（当时 20 多人）与其中每个人都认识，雷军许多精力花费在与用户沟通上，听他们的意见。

通过这种方式，MIUI 的用户数量突破了 1500 万。

小米实行这样的管理模式，与其所从事的行业有关。

在金山，一年才更新一次软件版本，MIUI 一个星期就得升级一次，这两个速度是完全不在一个级别的。小米之所以实行这样的管理，是因为时代不一样了。

过去的工程师都是闭门造车，小米的文化是工程师必须面对用户，必须在微博、论坛、线下等渠道与用户沟通。小米把管理员工的权力从老板身上转移到用户身上。

其实企业文化说到底是由你所处的生存环境来决定的。如果后者发生变化，而组织不做出调整，那么，企业是很难生存下来的。移动互联网时代必然要求企业的组织结构要扁平化，每个部门要小巧且灵活。

小米实行扁平化管理，既是新形势的要求，也有现实作为基础。

扁平化、上班不打卡，也是基于小米相信优秀的人本身就有很强的驱动力和自我管理的能力。“设定管理的方式是信任的方式，我们的员工都有想做最好的东西的冲动，公司有这样的产品信仰就使管理就变得简单了。”

小米团队整体素质很高，尤其重要的是，小米能保证团队内部的人，都在干有意义的事。

让员工始终做有意义的事情，是不容易做到的。一个团队最怕的是两个事情：第一，无事可做；第二，有事但不知道如何做。

有的公司，工资并不是很高，工作也不轻松，但能聚集一帮很有才干的人才，并且这部分人工作积极性也很高，虽然加班没有加班费，但很多人都自愿加班。这样的公司有一个共同的特点是，领导会做人，更为重要的是，每个员工知道自己应该做什么，并且有切实可行的目标。这样，员工就能时刻在自己的工作中体会到其中的意义，并且把这转化为自己和公司的价值。

如果只工作而没有工资，那是透顶没意思的事，单纯发工资却无事可干，同样没意思。

有人说，小米能做到扁平化管理，是因为小米擅长洗脑。对此，黎万强说："不可能的，咱们都混了这么多年的江湖，这个事情怎么可能发生呢？这些人都是往往经历了谷歌微软这些大公司，他们都是有十年二十年工作经验的人，你说他能被洗脑吗？"

小米的管理制度减少了层级之间互相汇报浪费的时间。小米有数千名员工，除每周一的1个小时公司级例会之外，其他时间很少开会，也没什么季度总结会、半年总结会。成立三年多，七个合伙人只开过三次集体大会。2012年"8·15电商大战"，从策划、设计、开发、供应链仅用了不到24小时准备，上线后微博转发量近10万次，销售量近20万台。

小米强调你要把别人的事当成第一件事，强调责任感。比如我的代码写完了，一定要别的工程师检查一下，别的工程师再忙，也必须第一时间先检查我的代码，然后再做你自己的事情。其他公司可能有一个晋升制度，大家都会为了晋升做事情，会导致价值的扭曲，为了创新而创新，不一定是为用户创新。其他公司对工程师强调的是把技术做好，在小米不一样，它要求工程师把这个事情做好，工程师必须要对用户价值负责。

当然，这一切都源于一个前提——成长速度。速度是最好的管理。少做事，管理扁平化，才能把事情做到极致，才能快速。

管理，是实现公司目标的一种方式，总的来说，公司不同，所需要实行的管理方式也应有所不同。只有合适的管理模式，没有绝对好或坏的管理模式。一家公司，能给员工最大的自由度，同时又保证公司的高效，就是最好的管理了。管理是一门艺术，显然，雷军这门艺术已经玩得炉火纯青了。

每个领域都要有卓越的领军人

在雷军看来，每个人一般直接管理五到九人。假如有人不胜任，就需要教他，同时帮他把活干了。管理百人的时候，至少有两个层级，假如每层有20%人不合适，极端情况你有可能同时面对二三十人的直接管理。所以，管理要先过二三十人的管理，不要越级提拔，一步一步来。

雷军说："管七八个人的关键是带头干。管二三十人的关键是走着干，早上问问今天的任务，下班的时候看看完成情况。管七八十人的关键是找几个能管二三人的部门经理。"

在创办小米之初，一位投资人就告诉过雷军，如果有一家全能型公司，而且产生在中国，那么就一定可以挑战苹果。中国市场很特殊，一是非常大；二是有一定封闭性，跨国公司来后都有点水土不服；最后是移动设备市场是一个开放市场，手机不仅能通过运营商销售。这三个特点决定了"一家全能型公司"在中国一定有机会。

当时雷军就想，小米要成功，一定要做一家全能型公司，软件、互联网、硬件面面俱到，面面都要强。雷军确定了一个标准，每个领域的领军人要有绝对的优势。

要实现这个目标，雷军需要的可不是两三个人。

小米团队是小米成功的核心原因：一群聪明人一起共事。为了挖到聪明人，雷军不惜一切代价。小米的一位资深投资人曾与苹果诸多高层深度沟通过，苹果认为自己没有竞争对手，因为其他公司要么是硬件公司、软件公司，要么是互联网公司，没有全能型公司，而非全能型公司不足以与苹果抗衡。

为了实现这个目标，雷军在团队组建上，首先看重专业技能。雷军解释说，看重专业技能，是因为小米是一个对技术工种要求比较广泛的企业，从软件、硬件、互联网服务、电商以及售后服务体系等，都需要不同工种的协调配合；其次，看重的是跨工种方面的协调能力，小米的核心竞争力软件、硬件、互联网服务三项都需要很强的团队协调能力；第三，需要很强的责任心和担当力，因为小米是快速发展的企业，每个环节的流程化都有些不完善的地方，这就依靠所有员工高度的责任心来弥补其中的差距。

团队是一个整体，如果一个同事不够优秀，很可能不仅不能有效帮助整个团队，反而有可能影响到整个团队的工作效率。真正到小米来的人，都是真正干活的人，都想做成一件事情，所以非常有热情。在小米工作的人聪明、技术一流、有战斗力、有热情做一件事情，这样的员工做出来的产品注定是一流的。这是一种真刀实枪的行动和执行。

雷军为了实现自己的团队拼图，可没少费工夫。当初雷军决定组建超强的团队，前半年花了至少80%时间找人，幸运地找到了七个牛人合伙，全是技术背景，平均年龄42岁，经验极其丰富。

合伙人团队算是搭建起来了，但这还远远不够。

公司当中，老板一般是靠谱的，而总经理也不会太错，作为最基层的员工，作用也不是太大，而最关键的，是老板、总经理以下到最基层的员工的中间层。也就是公司的第三、第四层，如果这两个层级不给力，那就叫“不三不四”。

公司的第三、第四层是联系公司老板和普通员工的中介。公司（除了非常小的公司），正常情况下，老板和经理是不会直接与员工对话的，既不会直接分配任务，也不会直接检查工作，公司的第三、第四层的情况，直接决定着一个公司的整体水平。

再接下来是一个绝对激进的管理方案：除了这几位合伙人，下面再没有设置任何职位——创业初期，所有新进员工都由雷军和林斌亲自面试，确保来的人都有足够的开发经验，足够的创业激情，以及很强的自我驱动力和自我管理能力。不过即便肯出双倍薪水，这样的人在中国也不好找。于是，小米后来又出台了一项鼓励措施：凡是成功推荐两人入职的，无论是小米员工还是业内朋友，一律送当下最热门的数码产品一台。

不过，即便这样，招人的速度还是太慢。之后的大半年，雷军和林斌绝大多数时间都在忙于招聘，到年底完成首轮融资 4100 万美元时，小米才有了 56 名员工，他们平均年龄是 32 岁，绝大多数来自谷歌、微软和金山，其中相当比例都是技术总监和项目负责人。

很多企业都说招不到人才，雷军认为，这只是因为投入的精力不够多。雷军创业初期，前 100 名员工每名员工入职他都亲自见面并沟通。当时，招募优秀的硬件工程师尤其困难。有一次，一个非常资深和出色的硬件工程师被请来小米公司面试，他没有创业的决心，对小米的前途也有些怀疑，几个合伙人轮流和他交流，整整12个小时，打动了他，最后工程师说："好吧，我已经体力不支了，还是答应你们算了！"

公司的业务靠别人是无法完成的，设立过多的部门，只能是累赘。但作为一个稍微有点规模的公司，有了卓越的领军人，又有强大的执行团队，此时，"豪华团队"的效果也开始显现：小米团队花一个月时间做的练手之作"小米司机"一炮而红；基于安卓的第三方操作系统MIUI开始每周稳定更新；手机端SNS应用"米聊"，也发布了多平台版本；周光平带队的小米手机硬件团队，也悄悄开始动工。

MIUI发布7个月后，社区的活跃用户超过了30万，每周末升级一次，粉丝们翻译了24种语言版本，建立了10个不同语言的民间网站。米聊的实名用户突破了300万，小米手机则做出了第一版的工程样机。

每个团队都需要优秀的人，但优秀的人更需要优秀的管理，没有优秀的管理，优秀就成为一句空话。个人的优秀是一笔财富，也是一种挑战。任何优秀的个人与团队的权威之间，都会有一定的矛盾。一个人在做出突出贡献的同时，必然会提出相应的其他方面的"政治"诉求。如果不能处理好个人的优秀与团队的关系，团队的权威就会荡然无存。

个人的优秀并不代表团队的优秀，个人的优秀也不一定能转化为团队的优秀。显然，小米已经很好地解决了这个问题，因为他们既有一帮优秀的人，也已经交出了优秀的答卷。

透明化的利益分享

合作，最难解决的问题是彼此之间利益分配。

小米公司有一个理念，就是要和员工一起分享利益，尽可能多的分享利益。小米公司刚成立的时候，就推行了全员持股、全员投资的计划。小米最初的 56 个员工，自掏腰包总共投资了 1100 万美元——均摊下来每人投资约 20 万美元。

小米给了员工足够的回报。一是工资上，小米不低于行业主流；第二是在期权上有很大的上升空间，而且每年小米公司还有一些内部回购；第三是团队做事确实有时候压力很大，但员工会觉得有很强的满足感，很多用户会极力追捧他，比如说某个工程师万岁。

这些措施让员工在经济上有了保障，同时还能充分享受到工作的乐趣。

在正常的情况下，不管从公司的发展还是员工个人的利益来讲，一个员工首先应该是为自己负责。从公司分工上来讲，除了老板之外，每个员工都有基于公司分工之上的分内的工作，每个人都要为自己的工作负责，而不是为别人的工作负责，因为公司的发展是老板应该考虑的。一个普通员工或者普通管理者过多地考虑公司的长远发展，不管对自己来讲，还是对公司来讲，都不是一件幸事。维护公司利益，首先是要做好自己份内的工作，顺便维护自己利益。

现实也说明这样一个问题：如果公司内部，普通员工整天讨论公司的发展大计，那么这个公司就离破产不远了。一只燕子形不成一个春天，一个员工同样也无法代表一个公司。一个没有改变天下的能力和权力的人，心怀天下，只能造成个人的悲剧，没有相应的能力和权力的人，也没有必要以天下为己任，独善其身就够了。天下兴亡匹夫有责，指的是尽自己的责任，也是独善其身。同样，一个没有相应的能力与权利的员工，在公司内，首先做到的应该是独善其身，而不是对公司的发展说三道四了。

小米就很好地解决了这个问题。在小米，除七个创始人有职位，其他人都没有职位，都是工程师，晋升的唯一奖励就是涨薪。不需要你考虑太多杂事和杂念，没有什么团队利益，一心在事情上。

当然，小米不仅在内部分享经济利益和工作乐趣，还和客户分享。

小米的产品文化就是，与客户做朋友，做朋友的心理就是，如果这个问题是你的朋友来找你解决的话，你会怎么做？那当然是你能解决就给他立刻就解决了，解决不了也要想办法帮他解决。

比如，小米在微博客服上有个规定：15 分钟快速响应。还专门开发了一个客服平台。不管是用户的建议还是吐槽，很快就有小米的人员进行回复和解答。从雷军开始，每天会花一个小时的时间回复微博上的评论。包括所有工程师，是否按时回复论坛上的帖子是工作考核的重要指标。

为了让工程师拥有产品经理思维，小米从一开始就要求所有员工，在朋友使用小米手机过程中遇到任何问题，无论硬件还是软件，无论是使用方法或技巧的问题，还是产品本身出现了 Bug，都要以解决问题的思路去帮助朋友。甚至要求所有工程师通过论坛、微博和 QQ 等渠道和用户直接取得联系。

有确定的目标才会有满足、有感激、有价值。没有明确的目标，一切就浮躁而轻狂。很多公司包括团队，都在为员工暮气沉沉而头疼不已。他们觉得，公司所给予员工的已经够多了，在相同或相近的行业中，自己所提供的待遇绝对有竞争力的，但他们忽视了一点：他们只给予高度，没有给予目标，人生的高度只是让别人欣赏的，而不是让自己享受的。如果一个公司的员工陷入没有目标的迷茫当中，是绝对不会有价值感的。正是给予，让员工失去了从需求到得到的过程，也让整个工作变得沉闷而没有意义。小米的这种与客户的分享，带给员工的是价值。

小米还让工程师们直面每一段代码成果在用户面前的反馈，当一项新开发的功能发布后，工程师们马上就会看到用户的反馈。小米甚至要求工程师参加和粉丝聚会的线下活动。这样的活动让工程师知道他做的东西在服务谁，他感受到了用户不仅仅是一个数字，是一张张脸，是一个个真实存在的人物。有女用户、女粉丝经常非常热情地拉着他们签名、合影。当这些宅男工程师觉得他写程序不是为了小米公司，而是为了他的粉丝时，他便感觉到了自己价值的所在。

工作是能够给人带来乐趣的，但很明显，作为公司的决策者，很多时候忽视了工作的趣味性，就像一个厨师，只强调食物营养的全面，完全没注意食物的口味，从而让人没有了胃口。

对小米这样一家庞大的公司来说，单纯基于员工内在的自觉和素质显然是不够的。一个团队的员工，现实的利益是非常重要的，但一个员工在团队中所求的并不单纯是利益，安全感以及进步感，是一个人在工作当中非常重视的两个方面。只有在保障员工金钱利益的基础上，在这两个方面给予员工满足，一个团队才会相互信任，也才会有较强的凝聚力。

公司要把员工的行为更加直接和形象地同公司的发展联系起来，让员工直观地体验到自己工作产生的价值，并在这种完美体验中，自觉调节自己的行为，形成公司健康的文化。不仅要让员工能够获得金钱收益，而且要让员工能够自我实现。

小米公司的高管和工程师都是从其他知名公司挖过来的。一家国内的新公司，哪怕做得再好，难道他的工作待遇能比得上国际知名的大公司？为什么小米能成功得挖到这么多优秀人才？

在互联网界，小米一度有两个标签：打鸡血、6×12，也被妖魔化为“火坑”。洪锋曾经向雷军抱怨，这个6×12吓跑了不少优秀的工程师。“很多求职者的老婆都觉得，把老公交到我们手里就要不回来了，但是你不得不承认他有一个好的作用就是说，真正到小米来的人，都是真正干活的人，他想做成一件事情，所以非常有热情。来到小米工作的人聪明、技术一流、有战斗力、有热情做一件事情，这样的员工做出来的产品注定是一流的。”

分享精神，是小米解决利益分配的关键，也正是因为分享，价值感渗透到了小米工作的每个环节，也让员工更加有积极性和主动性投入到工作中，这是小米成功的秘诀。

9 不仅仅需要勇气、信心，还要有策略

越简单越单纯，越容易成功

雷军的一个朋友，在一家做软件的大企业做了10年的软件研发，想出来创业，问雷军要注意什么。雷军开玩笑说，要想成功，必须学习互联网创业的“葵花宝典”，第一条就是“挥刀自宫”。

雷军的解释是，大的软件公司有很多资源，研发能力不错，各种推广资源也非常优越，但很少开发出来优秀的互联网产品。初步看上去，原因很多，比如很难调动个人的积极性、内部管理协调非常困难等。但雷军认为还有一个重要的原因，就是方法不得当。大公司资源多，一个互联网创新项目投入大量资源后，公司期望值高，考虑的问题自然多了，反而不容易做好。

从大公司离职出来创业，首先要“挥刀自宫”，干掉大公司这套做法，控制成本尽量少花钱，集中精力和资源解决核心的一两个问题就足够了。不要想太多，不做太长时间的计划，尤其是计划不能太复杂。创业成功需要的是发现机会和快速突破的能力，再加一点运气。大公司的工作经验太多，有时候反而会限制自己的做法。互联网创业，越简单越单纯，越容易成功！这就是雷军一直强调的专注。

具体要做到以下四点：

第一，一个明确而且用户迫切需要的产品，很容易找到明确的用户群。这样，产品研发出来后，不容易走偏。

第二，选择的用户需求要有一定的普遍性，这点决定这个产品的未来市场前景。

第三，解决的问题少，开发速度快，也容易控制初期的研发成本和风险。

第四，解决有明确问题的产品，容易给用户说清楚，推广也会相对简单。

雷军做小米，很好地执行了以上四点。小米发布之后，有人说，小米是在模仿苹果。在雷军看来，苹果是不可能被模仿的，但小米的确借鉴了苹果很多东西。而苹果和乔布斯给雷军的第一个启发就是专注。

苹果市值超过6000亿美元，仅仅iPhone和iPad的贡献整整占据了苹果75%的营业收入！iPhone获得了全球智能手机市场73%的利润。而苹果到今天为止，也只出过有限的几款手机而已。

其实，做手机产品，对手机公司来说是再容易不过的事情了，深圳的山寨厂一天就能做出100款。想做出一款好手机，你需要有莫名其妙的自信，你坚信我做的这款手机就是天下最好的，如果不自信就做100款，如果自信就做一款。但是，这话说起来容易，做起来难。

甚至是乔布斯，他刚开始做手机只做一个颜色，做了几个颜色之后他觉得不够专注。

其实，正是乔布斯近乎固执的单纯和专注，让苹果起死回生。在1997年的时候，苹果已经接近破产了，就把乔布斯请了回去。一回到苹果，乔布斯就传达了一个理念：决定不做什么，跟决定做什么一样重要。乔布斯跟几十个产品团队开会，产品评估结果显示出苹果的产品线十分不集中。无数的产品，在乔布斯眼里大部分是垃圾。光是Mac机就有N个版本，每个版本还有一堆让人困惑的编号，从1400到9600都有。

“我应该让我的朋友们买哪些?”乔布斯问了个简单的问题，但却得不到简单的答案，他开始大刀阔斧地砍掉不同型号的产品，很快就砍掉70%。

几周过后，乔布斯还是无法忍受那些产品。他在白板上画了一根横线和一根竖线，画了一个方形四格图，在两列顶端写上“消费级”“专业级”，在两行标题写上“台式”和“便携”，“我们的工作就是做四个伟大的产品，每格一个”。说服董事会后，苹果高度集中研发了PowerMacintoshG3、Power bookG3、iMac、iBook四款产品。

当时苹果离破产也就不到90天。乔布斯只用了一招杀手锏“专注”，就让苹果从1997年亏损10.4亿美元，变成1998年赢利3.09亿美元，苹果公司起死回生了。

乔布斯那时候还高调砍掉了“牛顿”项目，即当时很出名的一款手写设备。乔布斯说，上帝给了我们十支手写笔，我们不要再多发明一个了。停掉“牛顿”后，苹果解放了一批优秀工程师去开发新的移动设备，最终做出了 iPhone 和 iPad。

雷军从乔布斯身上学到的就是，能不能只做一件事情？少就是多，专注才有力量，专注才能把东西做到极致。所以，当雷军做手机的时候，高度认同“大道至简”，越简单的东西越难做。他们只做了一款手机，也只有一个名字，就叫“小米手机”。

目前小米仍专注于小米手机、MIUI 和米聊三个领域。雷军认为，小米现在集中精力把现有产品做好已经相当不容易。专注是一件很不容易的事情，“我们在内部讨论的时候每天都在讨论克制贪婪，要少做点事情。”雷军表示，小米在过去几年中放弃了很多机会。

此外，他还透露，小米已经有很多创意在实验了，但最终是否会发布仍未可知。

其实，不管市场多大，潜在利润多么丰厚，业务的突破只能从一个点开始。而这个点越小，针对性越强，优势越突出，磨得越尖锐，突破的可能性就越大。尤其对于新公司新业务来讲，找出这样一个点，打磨好这样一个点是成败的关键。只有这样，才能集中一切可以利用的资源，集中一切优势力量，在市场上有所突破。也只有这样，才能由点到线，由线到面，从容占领市场。

商机无限，但是商机要转化实际的盈利，还有很长的一段路要走。很多人常用的一句话是：现在不做，以后就没有机会了。是的，有些事情，错过了就没有机会了，但现在就去做，也不一定就有机会。

有多大的锅，下多少的米。贪心不足，常常让人在市场面前不淡定。任何行业要做深做透，都要下一番功夫，而任何行业只有做到一定的深度才能在此立住脚，最忌讳是在某一个行业刚刚有点起色，就开始圈地，或者贪大求全，不是从某个环节入手，而是直接做整个产业链。

当有限的投入和资源被分散之后，先期的投入还没等交完学费，公司的各种问题可能就来了：没有进入行业的时候，觉得这个行业只是坐等收钱，等进入之后，才发现行业前景黯淡；一开始信心满满的团队，现在开始怀疑抱怨；原先预计的投入不断增加，盈利却遥遥无期……

经常有些公司老板会骄傲地自夸：我们现在做的事情很多，我们公司是一家大公司，非常有前途。其实不然，如果以为自己做的事情多就是大公司，这是一件很可笑的事情。只有那些承认自己在很多地方不行，只能做有限事情的老板，才能真正让公司走得更远。

取个好名字是关键，创业不能输在起跑线上

在雷军看来，做任何面向普通消费者的产品，取个好名字是关键。很多创业者对起名字重视不够，随便取了一个名字。不好的名字，用户很难记得住，推广的成本也非常高。

“取个好名字，这是创业的第一步，千万不能输在创业的起跑线上。”雷军说，他曾经在微博上诠释“小米”名字的由来。“很多人问小米这个名字怎么来的？大家第一时间想到的是小米加步枪。其实，小米这个问题还有不少故事，首先小米拼音是mi，Mobile Internet，小米要做移动互联网公司；其次是mission impossible，小米要完成不可能完成的任务。最后，‘小米’这个名字亲切可爱。”

“‘佛家一粒米，大如须弥山’，小米，我们希望去掉高大全，从小处着手。”雷军特意强调。

不光雷军，乔布斯做手机的时候，他就起了全世界大家都知道 iPhone，他为了要这个名字，不惜跟别的公司打官司。iPhone 刚出来的时候，所有的工程师就帮 iPhone 想一个叫 V8850 的名字，显得自己很高科技，但消费者肯定记不住这些莫名其妙、乱七八糟的数字加拼音的型号名。

很少有人还记得自己用过的手机型号，但几乎都记得住 iPhone，因为 iPhone 没有型号，这叫大道至简，他简单到极致，他直指人的内心，非常好传播，马上就接受了。雷军在做小米的时候，小米的名字和型号就叫小米。

取个好名字，不仅仅是宣传推广的问题，更牵扯到产品的定位。而产品的定位，直接决定着一个产品的市场空间。如果一个公司产品在开始做的时候定不好位，一开始就会把自己置于很不利的地位。

当然，创业的路很长，但很多创业者一开始就注定会失败。

尤其对于创业者，产品定位直接关系到公司的前途。雷军说，在任何行业，正面打败领头羊都是件很困难的事。但未来互联网行业还会继续上演新公司挑战老公司，小公司颠覆大公司的故事。在投资人的支持和创业者的创新下，创新会来自各个方面：技术的、标准的、产品的、商业模式的……各种方面的创新肯定还是会从一些人们意想不到的方向上涌现出来。

要想咸鱼翻身，在战术层面上，必须要在巨头的生态链里面去寻找自己的定位，怎么利用他们的资源成长壮大。比如说淘宝挺好，如果做另外一个淘宝跟淘宝竞争，还不如把一个内部的淘宝店做成行业第一，可能更有机会。所以，雷军的建议就是在巨头的生态链系统，其实也能找到生存空间。

当然，还得研究一下在巨头里面有哪些机会，哪些点是他们忽略的，或者他们做不到的。其实这样的机会还是蛮多的。比如YY应该是在腾讯的地盘上面，但是YY也发展成了一个大公司。如果一出门撞在铁板上，只能怪运气不好。所以，创业者创业要“看星象”，要看一看这个空间里面的机会。

电子商务有多少机会，想想移动互联网有多少的机会。哪怕今天兴起的、哪怕今天比较成熟的互联网的行业主战场，也会有很多的机会。

雷军做米聊就遇到了这样的问题。米聊的确在国内企业里面最早进入了手机社交的领域，但是6个月后就撞到铁板上了，这也是发展的历程。要在正面战场上击败微信难度很大，几乎不可能，只能自己努力寻找生存空间。

当然，要赢在起跑线上，还要有发现问题和解决问题的能力。

雷军开始做小米之后，对智能手机的理解发生了一些变化。他觉得其实不是手机替代了电脑，而是手机变成了电脑。最初，他也是PC时代的软硬件分离的思维，他想能不能做一个MIUI系统，跑在大部分手机上，所以小米就开始做了MIUI。当MIUI成功以后，雷军开始思考做硬件，也就是小米手机，软硬件结合之后，再把云服务整合在MIUI里。

从小米的产生以及发展来看，雷军一直在不断发现问题并解决问题。或者说，小米就是为了解决问题而产生的。不断解决问题，正是一个创业型公司不断前进的路线图。

一个创业者如果不想输在起跑线上，就应该具备发现问题并解决问题的能力。很多人在遇到难题的时候，也在思索：是进还是退、向左还是向右、坚持还是放弃？所以，很多人在经常性地纠结。面临这样的窘境，没有机会的时候困惑，当机会来临的时候纠结。公司在为如何选择而无休止地开会和争吵，而个人则在为如何选择而头疼和失眠，整个社会在辗转地纠结。

经常有人一脸无奈地抱怨，这个事情如何如何的困难，如何如何的难以操作。面对困难，首先要解决的问题是把那些不能解决的困难，分解成能够解决的困难，如此，就没有不能解决的困难了。

困难让我们面临两种选择：要么放弃，要么克服。放弃不是最好的选择，那就需要我们克服。而克服困难有很多种态度，最基本的有两种：一种是如同没头的苍蝇一样，到处碰撞，这样也能最终找到出路，但这种代价有点大；另一种就是静下心来，仔细分析，找到解决办法。

在困难面前能沉下心来，不仅是一种方法，也是一种境界。在困难面前最大的困难是让自己陷入慌乱。人一旦慌乱，就会焦躁，一焦躁，就会让大脑空白，就会一筹莫展没有办法，困难真的就成了困难。

其实，能否解决困难，解决了多少困难，完全可以看作是一个企业能否赢在起跑线上的晴雨表。

小米所做的事情就是把互联网的基因注入手机行业，他们称这个为互联网手机模式，说出来挺简单的。第一，就是通过互联网的形式，做一个好用易用的 MIUI 系统。第二，做一款高品质、高效能的手机，然后通过互联网的形式零售，把价格控制在同类产品一半不到的水平上，来完成这个商业闭环。PC 时代的思路是软硬件分离，但智能手机时代，你不仅仅要有能力做软件，也要有能力做硬件，还要有能力通过互联网、电商的方式形成营销、市场和渠道的全闭环。

把这些一一实现，要解决很多问题。对于手机而言，最大的问题是显示。于是雷军就想到做小米盒子，要把电视屏变成显示器，这也是他做小米盒子的初衷。想象一下，以后办公室里没有白板，只在办公室桌上放两个大显示器，全是 60 寸的大彩电，把手机一搁，所有设备都自动连上了。可以通过这个屏幕播放 PPT，当开始讲解时，既有声音，也有视频同步。现在有些功能实际已经做到了，但中间还有些环节需要理顺。雷军相信，未来手机会是电视机的遥控器，而电视机是手机的显示器。

“发现问题一直是我解决问题的动力。”雷军如是说。比如当时雷军发现手机 QQ 不好用，它还是一个从 PC 上直接移植过来的产品，交互界面虽然变了，但不适合手机使用。小米内部成立了一个小组称为小米通，开始研究移动互联网时代手机如何做 IM。其实手机就是个大号的 QQ 啊，信息就是短信，VOIP 就是电话，其实手机就是 IM。后来，小米参考了国外很多 idea（创意），整合起来就成了米聊。

不断发现问题，不断解决问题，让小米不断创新，也不断成熟，如此一来，一开始起跑，小米就赢了。

我的哲学是不懂不做

曾经有过煤炭行业的人拉雷军投资入伙，雷军并没有答应，原因是他并不懂。

相比周鸿祎的“冲动”，雷军在投资行业和项目的选择上则要谨慎得多，纵观他在过去参与投资的项目，全都集中在 IT、互联网领域，更细一些说，则主要集中在移动互联网和电子商务这两个垂直领域。因为如果他看不懂的事情，他绝对不会去做。

对这几个领域的认识，雷军经历了一个过程。1998 年互联网热潮传到中国，雷军也蠢蠢欲动，于 1999 年初在金山内部专门辟出一块试验田，做软件下载，取名卓越网，然而下载业务每天消耗大量现金却迟迟没有收入，雷军开始思考：互联网公司是什么样的公司？它靠什么挣钱？“想了半年多时间，一直到 1999 年 10 月，有一天突然明白了：互联网只是一个工具，未来每家公司都变成互联网公司；而传统公司应用互联网最快的方式就是电子商务，做电子商务最有前途。”就这样，雷军创办的卓越网转型做起了图书音像的网上零售。

通过这次经历，雷军也得出一个结论：不懂的东西，赚不到钱。

在运作卓越网 4 年多后，雷军以 7500 万美元的价格将卓越网出售给了亚马逊。在这之后，雷军开始又一次对互联网进行思考，得出“未来十年的热点是移动互联网”等结论。

确定好大的投资方向后，雷军面对其他行业的投资邀请一概回复“我不懂”，“确实是不懂，不熟的领域怎么出主意？出的主意也是瞎扯嘛。”在尚未思考清楚别的有潜力的行业时，雷军说他是不会妄加行动的。

2007 年的时候业界很多朋友都跑去投资房地产、煤矿、金矿、锡矿等传统行业，也想叫上他，他都不为所动，他的原则是“还是要将爱好跟业务分开，跟投资分开，做自己懂的东西，把握比较大。”

现在，雷军主要投资的移动互联网、电子商务和社交网络三个领域在过去几年都在飞速发展。他表示，他所投资的公司里最成功的三家是凡客、UC 浏览器和 YY。

雷军曾说：“我看过多少起起落落，无数的伟人崛起、无数的英雄倒下，看见人家起高楼、看见人家宴宾客，最后看见人家楼塌了。”他因此感触：“看过无数次之后，如果不相信点什么，真的就虚无了。”

雷军告诫创业者：“这个世界的机会很多，你要把握永远的机会，而不是失去让你叹息的机会。我的哲学是不懂不做。”

做自己懂的事情，也是雷军做小米的原因。小米手机完全通过互联网销售，目前已经没有人怀疑这种方式可以成功，因为“小米手机在正式发售 34 小时后预定数就超过 30 万台”。他表示，谷歌之前也尝试过类似的方式，Nexus One 就是通过互联网销售，但最终失败了。小米之所以能够做到谷歌没能做到的完全通过互联网销售手机，是因为谷歌不懂电子商务，但小米懂。

对于电子商务，雷军曾如此说：“大家如果问我今天还有什么事情可干，我觉得是很多的。比如说拿我最擅长的电子商务来说，这是一个过渡性的行业。什么叫作电子商务？就是利用互联网做生意，这是潮流的必然。”

雷军不仅懂电子商务，对中国手机市场也了解非常透彻，雷军认为，中国的手机市场非常特别，这带给中国手机企业成功的机遇。首先中国是全球最大的单一市场，“在中国赢就有机会在世界赢”。第二，中国是个开放的市场，不是由运营商主导的，“只要有一流产品，不用和运营商建立关系就能取得很好的销量”。最后，中国还是一个封闭的市场，“很多跨国企业来到中国后会水土不服”。雷军表示，在创办小米时他就分析过这些因素，认为小米非常有机会取得成功，并成功说服了投资者。

不懂不做，就意味着少做，少做事就容易聚焦，才能有速度和竞争力。

“一次完美的互联网创业，最好是技术、产品高手搭配的2—3人创业，3—6个月内完成产品，再用半年到一年的时间测试完善产品，达成初步成功的门槛，再寻求融资，摸索成功的商业模式，然后投入大量的市场资源推广，形成规模化业务。”

对于小米未来的发展，雷军认为，小米最大的危险在于，小米招了好多聪明的人，每个人都想做很多很多的产品。因此，他经常提醒他们少干一点事情，“能不能把70%的事情不要干了，专注干好30%的事情?”他强调，小米要专注在现有产品上，把未来的产品交给合作伙伴。小米会集中在手机、路由器、电视三个产品上。

“小米是个创业公司，要看弱点遍地都是。”创业公司不能推崇“木板”理论，一定要有所聚焦。对于小米来说，这就是产品和服务。

但小米并不是要自缚手脚，关键是横向变大还是纵向变大，小米强调纵向变大。所谓的“小餐馆”模式，代表着三层含义:

一是专注；二是管理结构扁平化；三是用户关系。而小米的榜样们，简单模式背后也都是连锁大户。

当然，集中精力，就要避免无关的困扰。也有很多人很悲观，觉得移动互联网没有什么商业模式，雷军觉得这有点杞人忧天，他认为，移动互联网找到模式只是时间早晚的问题，不要着急。等电子商务、游戏、广告业务等相关产业链发展起来，广告商认可移动广告的价值，移动互联网生态就活跃了。互联网的核心商业模式，说到底就是两件事情：第一个是游戏，第二个是广告。在这一点上，移动互联网并没有大的改变，只要手机上的游戏兴起，它就有钱去赚，所有的商业模式都迎刃而解了。而广告，因为手机屏幕比较小，需要考虑展示效果，如果把展示效果问题解决了，广告也会大幅度兴起。

不懂不做，其实就是做最擅长的事。也只有做最擅长的事，才能充分发挥自己的优势，集中精力把事情做好。

在关键的事情上去突破

当初雷军投资优视科技的时候，果断地砍掉了中国移动一个1500万元的大单，雷军如此解释："天天做点小生意，这个公司怎么做大？我告诉他们，假如干的话，跟我说未来两年内需要多少钱，我投资，只要他们聚焦在关键事情上去突破。我希望创业者能够真正冷静下来想一想，未来五年，大的机会是什么？想清楚了，轻装上阵，然后聚焦，立下建立一家伟大公司的目标，在经历坎坷的时候，能够不放弃，坚持走下去。"

成功的经验往往是以失败的教训做背书的。

早在金山的时候，雷军他们开发的是 Windows 下的电子表格，接着珠海金山开始做 Windows 平台金山皓月，随后又做了 WPS for Windows。回想起那段经历，雷军感慨颇多：“我们在 Windows 上的动作太自负了一点，一大群能干的人感觉自己无所不能。产品设计得极其庞大，事后想一想这么多人集中做 WPS for Windows 会是一个多好的结果，或者先做个中文平台和中文之星也有一争。”

能干的人很多，下的功夫很大，期望值很高，但 1995 年的市场现实给雷军们朝头泼了一盆冷水。

在营销上，雷军也犯了致命的错误。“我们以为不用 WPS 商标，我们照样能够成功。仅仅是出于营造一种全新的感觉，我们没有沿用 WPS 这个商标，我们就认为自己当时干的就是开天辟地的事情，故产品曰‘盘古’。当时没有市场经验，以为做市场就是连篇累牍地登广告，至于广告上刊登什么内容都不重要。看我们当时的广告，读者可能连我们说的是什么都不明白。”

什么都干，没有重点，产品线太长，不能在重点上突出，这是多数公司的毛病。在营销上，试图把所有的东西都告诉客户，结果多了，不仅把握不住重点，最终客户一头雾水，什么都没听懂。

做市场其实就是磨针，要始终保证有一个锋利的针尖。

以地球上的物种来比喻，任何物种都不会无限度地长大，因为地球所提供的环境决定了他们所能长到的极限。作为企业也是如此，永远不会诞生一个所向无敌的巨无霸企业。大企业有大企业的优势，小企业当然也有小企业的生存空间。

作为世界级企业的宝洁公司，在物流解决方面堪称典范，而它的物流却是由第三方物流供应商宝供所提供。

任何一家企业，都不会因为财大气粗而在竞争中取胜，而是以在竞争中的比较优势获胜。大企业，由于管理等方面的问题，很容易会让细节变得粗糙。所以，任何行业中的企业，都有自己的局限。

大企业的局限，就是中小企业的生存空间。有生存空间，并不一定有生存能力。任何一家企业的生存能力，是由竞争对手决定，而不是由自己决定。在一个竞争的环境当中，一切优势都是比较优势。

雷军曾经跟旺旺雪饼的一个高管进行过一番对话："他说我们现在卖的产品是40年前做的旺旺雪饼，我一听晕了，说我们现在要开发产品再卖40年，天啊，我一想40年以后，我已经85岁了。我们的产品，小米刚上市3天，新产品什么时候卖呢，我说刚能卖点东西了，大家就会说这个小米已经过时了，你说我们处于一个什么样的行业里面，我真的很羡慕卖水的、卖雪饼的、卖旺旺小馒头的，30年前的，对吗？你们不觉得这是最好的生意吗？为什么要去买点旺旺的股票存着，因为它还可能再卖40年，这个太恐怖了，所以最好的生意是越简单越好，你要仔细想，你说你卖的产品是什么，纯净水，什么都没有，纯净水里面可不是什么都没有吗？我们过滤一下就是纯净水了，你说这个怎么卖，人家成为首富是有道理的，就是因为简单，所以很难做，一个人能把简单的东西做好是最难的。"

把简单的东西做好，在关键的事情上去突破，产品才能尖锐，才能刺破市场。在雷军看来，不仅产品要如此，公司的所有事务，都要抓住重点，实现突破。

事实上，小米的逆袭让很多人感觉匪夷所思，甚至看不懂。这不是一家公司的故事，而是一个新的生存法则，一个用互联网思维改造传统企业的全新玩法。

小米野蛮生长称得上是传奇：它开创了一个新的品类“互联网手机”，也为互联网改造传统产业提供了一个千亿级的产业方向；刷新了中国互联网公司的成长速度，3 年时间，销售收入破百亿元；创造了一个新的品牌模式，不花钱，甚至很少投放广告竟然快速打造了一个三线城市都熟知的品牌；通过“发烧友手机”的定位，实现去山寨化，成为并列于一线厂商如苹果、三星的手机品牌。

做到如此成绩，小米的掌门人雷军在小米主要管两件事情。第一件事情是产品。所有产品，只有他看过的才能上架，任何细节都要过，字号放大一点，缩小一点都需要雷军看过。第二件事是雷军把 20% 的时间花在论坛和微博上，在各种通讯工具上看用户的反馈，所以雷军几乎所有的时间都是在做这两件事情。

之所以会投入如此多的精力和热情来做小米，主要还是雷军喜欢做产品，就是喜欢这些东西。此外，雷军还强调小米是一家不洗脑、不开会、没有 KPI、不需要打卡的公司。这主要得益于小米在招聘时有着严格把控，他表示，小米将驱动力下沉。小米 90% 以上都是工程师，很多决策都是由工程师来决定的。而合伙人和团队管理人主要负责监督和把控。

在雷军看来，产品非常重要，所以，需要在产品上倾注精力。

小米这种互联网手机，是一个高度注重用户体验的产品。所以，小米在用户体验方面下了很大的功夫，迭代开发。

今天传统企业还在用非常传统的手段细分消费者，比如男女性别、代际等等，事实上，消费心理、价值主张和兴趣爱好才是真正的关键，小米抓住的是科技消费群体中的“精众”，“精众”在引领大众时尚，建构大众文化。

专注精品战略，制造稀缺效应。传统科技企业，每年制造若干产品，但是每个产品无一亮点，小米学习苹果，每年只做一款产品，并将体验做到极致。这种“聚焦精品”的策略，实际上也是一种单品带来的聚光灯效应，小米将这点发挥到最大化。同时，由于只专注一个核心产品，因此制造稀缺性，也让产品的营销本身带有很强的神秘色彩，这点在乔布斯时代的苹果也一样的被充分利用。让消费尖叫的产品，一定是精品，而不是随处可见的，距离让产品更有价值。

消费者越是个性化细分的时候，越需要聚焦。传统制造业尽管有细分，但是这种细分都是粗放的，试图多产品满足所有的消费者，实际上最终却无法实现与消费者的对应，砍掉那些没必要的重复的产品，聚焦精品，才能赢得粉丝。

针必须有尖，刀必须有刃，做产品，必须聚焦，在关键的事情上去突破，才能真正实现突破。

用心做好手头最重要的事

雷军在谈及时间管理这一话题时给大家建议：第一，每周拿出几个小时静思，想清楚最重要的事情；第二，每天早上把当天所有事情排序，只做重要的几件事；第三，每周拿出一整天，仔细对分管的各个组进度，不留死角；第四，其他几天对付最关键业务；第五，简单的事情立刻处理。

他认为这样的安排会使得大家一天下来不会显得太忙乱。雷军还分析了大家为什么太忙的原因，称事情分成四类：重要紧急、紧急不重要、重要不紧急、不重要不紧急。太忙的原因大多是因为紧急重要的事太多，计划没有变化快。

他的建议：把时间用在做重要不紧急的事情，不要把重要不紧急的事情拖成重要紧急的事情，这样就会轻松一些。

总之，就是要做手头最重要的事情。所以，当雷军发现在手机上做社交应用存在巨大空白时，他立即行动。“当这个机会被我们发现时，我们就立刻组织团队，马上做。”几个月后，米聊横空出世。

果然，米聊一出，态势惊人。

雷军是追求快的人。快，其实就是做事效率的快。导致做事效率不高除了懒之外，一般有两个原因：第一，做事没有章法，拿起这件事，又放不下那件事，结果都没有做好；第二，想干，但事情太多，不知道如何下手。

其实，不管事情有多复杂，人在同一时刻，所能够做的事情也是有限的。

客观上，人在同一时间，把一件事情做好就行了，而现实也是，在同一时间，也只能做好一件事情，并且前提是全身心的投入。但想要如此投入却很难，行为的常态是在做一件事情的同时，却时常牵挂着其他的事情。对其他事情的牵挂，虽然对其他事情毫无助益，对当前的事情却有害无益。更关键的是，导致人身心俱疲。

做一件事情，是做好所有事情的前提。大家都知道大而空是一个毛病，不幸的是多数人恰恰就有这个毛病。很多事情无法解决，也是因为有这个毛病。“千里之行始于足下”，谁都明白，足下迈出一步，谁都能做到，但让人走一千里，却很少有人能做到，因为人在这个过程当中走的每一步，都把一千里背负在思想当中。

雷军很好地解决了这个问题。在小米，与那些追求产品更新速度和数量的公司不同，成立逾三年的小米，至今的核心产品只有三种：小米手机、小米盒子、小米电视。但仅仅这三款产品，却保证了小米是中国（甚至是全球）最快达到20亿美元年营业额的科技公司。集中精力在少数事情上，保证了能把这些事情做好。

雷军显然很赞许这样的速度：“这个团队比较深入理解小米的模式，愿意全身心投入去做事情。小米做的事情很少，一个3000人的公司，用了三年时间，融了几亿美元的现金，三年只做三款产品，这是很少见的。我有一个认识多年的朋友，他一个二十几人的公司，做的事情，都远超过我们。”

用雷军自己的话说，小米的专注是得益于创始团队，都认准了“铁人三项”（软件+硬件+互联网服务）的创业模式，至今未变。8位联合创始人是雷军、林斌、黎万强、周光平、洪锋、刘德、黄江吉、王川。不管公司如何扩张，都是由核心团队来决定产品的战略，排除了诸多可能干扰注意力的举措。

排除干扰是一回事，关键还是要把手头重要的事情做好。找到自己最应该做的那一件事，并把他做好，才是关键。

“我们把业务做的尽可能简单，做的时候竭尽全力，努力想怎么可以把产品做得更好，然后每天都在想怎么超越用户的预期。”雷军说，“可能跟我退休了三年时间有关。那段时间我投了20多家公司，远距离看这些公司和金山，我发现过去二十年我可能每年都做几十个决定，但最重要的决定几个就够了”，“很多时候做得越多，反而越是减分。”

这也就是雷军一直强调的“少即是多”。

显然这种路径也考验着雷军对小米的控制力。“今天，小米对我和合伙人的依赖，超过了金山。这是我矫枉过正的，当初要把金山做成大公司，而今天要把看起来很大的小米做成小公司。”

雷军知道自己手头最重要的事情是什么。小米的大量决策来自一线，技术越复杂，越是一线员工起决定作用。雷军的主要工作是正确制订战略和战术，战略就是在什么时间点、做什么事情，战术就是用对的人把事情作对。而进行大的战略决定，第一个原则就是“go big market（做大市场）”，下注未来十年有潜力的方向。

通常在具体的日常工作中，雷军会对某项工作提出一个大的框架，然后鼓励小米员工快速反应、先行先试。小米不要求每个人做得更多而是做好，“我们不会因为你做的事情少，而觉得你不够好”。

通过“用心做好手头最重要的事”，小米不断从一个好走向另一个好。

2011年8月16日小米发布小米一代，10月底上市。2012年5月发布小米一代青春版。8月发布1S。到2013年3月一代基本停掉。

别人的做法可能是推出四款全新的产品，包括外观差别都比较大。而小米是一个产品根据市场反应，切成四个子版本。每个子版本做一段时间，有效地把生命周期拉到了18个月。而且这四个版本能够共用生产线、元器件和设计，可以最大规模地降低成本。

其实2S和2A也共享了绝大部分元器件。小米是2012年8月发布的二代，10月底发售。卖了6个月的二代，雷军希望再卖6个月的2S，再卖6个月的2A，这样就延续起来了。所以在二代上面，我们看到了三个小版本，二代、2S、2A。

这跟一代的策略差不多，但一代没有这么紧凑。如果按照一代的做法，可能是先出2，再出2A，再出2S，再出2S简配。应该会这么干。

小米在2S的基础上有两个版本，16GB和32GB。主要是为了解决不支持SD卡扩展后，用户存储空间可能不够的问题。为什么取消？因为SD卡坏损率太高，带来了巨大的负面口碑和维修量。所以小米采用这种解决方式，而且速度更高更稳定。

而MIUI是小米软件业务的核心，目前小米单发的软件除了MIUI之外，只有米聊。在这方面小米不会做更多的探索，MIUI平台上的东西足够了。

知道最重要的事情是什么，并用心把它做好，一步步累积起来，就是成功。因为只有如此，每一步都能做到极致，在自己无法超越的同时，别人也难以超越。

该花的钱一定要花，不该花的钱一分钱都不能花

要想赚钱，首先得会花钱。

对于花钱，雷军说：“我们拿一个例子来讲，比如说买服务器。我们谁都知道买品牌、最贵的服务器最稳定，总体拥有成本

最低。可创业者没有钱，我们投完了之后去买了戴尔的高档服务器，2万多元一台，有人去电脑城装了一台5000元。还有一些公司跑到破产的公司买了一台只用过二三个月的服务器只用几千元钱。所以，我在网游公司，服务器基本上是三年就淘汰了。有没有想过网游公司为什么500元钱就会把服务器卖给你？在豪华创业的时候，大把的美元把他们撞晕了，不明白是怎么回事。我相信我们原来创业的时候日子都是这样过来的。”

在雷军看来，会花钱，是会赚钱的前提。在控制成本方面，他也颇有心得：

第一，控制成本的能力是任何企业都需要的基本技能。企业任何时刻都需要控制成本，每个企业家都应该知道“勤俭治家”的重要性。

第二，成本意识要从公司创建开始建立。一些创业公司比较容易融到了钱，开始“豪华型”创业。这些创业者没有过苦日子的经验，以为未来一帆风顺，就开始大把烧钱，租用奢侈的办公室、举办铺张的会议、乱砸市场费用等等。一旦遇到困难，或者市场环境发生剧烈变化，企业很容易倒闭。平时没有成本意识，真正遇到问题的时候再建立非常困难，由奢入俭难！

第三，成本意识只有从老板开始，才有可能贯彻全员。如果老板不以身作则，不反复强调，不建立成本控制的体系，整个企业成本管理一定非常混乱，也不容易成功。比如，华人世界的首富李嘉诚，一块普通的电子表一戴就是二十多年，李嘉诚旗下的企业成本控制一定会非常出色。再比如联想，柳传志认为联想的成功在于把毛巾拧干，也就是说联想成本控制做得非常出色。

第四，成本控制体系成功的关键在于建立全员成本意识。没有全员的共识，各项成本是无法管理的，会到处漏水。只有建立了这样的意识，各种方案就才能实施。

第五，控制成本实施的要领是：该花的钱一定要花，不该花的钱一分钱都不能花。

省钱不是不花钱，不花钱可能造成更大的浪费，所以，该花的钱一定要花，这是不能打折的事情。比如办公室，我们可以租用便宜的办公室，但不意味着我们的办公室可以非常拥挤混乱，如果办公室非常不舒服，员工的工作可能没有效率，这是更大的浪费。

不该花的钱一分钱不能花，要从每件小事做起。很多创业者觉得一起创业的员工很辛苦，在报销电话费、出租车费和请客吃饭费等非常大方，甚至基本不管。这些钱，创业的时候的确不多，但这种风气一旦养成，很难改变，人一多，再遇到个别不自觉的人，这几项成本就是天文数字了。其实，回报员工的方式很多，比如给予更好的报酬或者更多的股票等，不应该在管理上放松。

第六，省钱就是赚钱，省一块钱就是赚三块钱！

遇到现金短缺的时刻，所有管理者的方案都是增收、节支。增收和节支两手都要抓，这一点毋庸置疑，但增收谈何容易？市场竞争如此激烈，短期见效可能性不是太大。而只要自己努力，强化管理控制，成本很容易就降下来了。这里，比较难的是建立全员的成本意识，告诉所有人："省钱就是赚钱，每省一块钱至少相当于赚三块钱"。原因很简单，一般企业赚来的钱需要支付销售成本、生产成本等，还需要交销售税等，还剩下三分之一非常不错了。

对于如何省钱，雷军更有自己的经验。

企业的费用大致分两类：一类是固定费用，每月都必须支付的，比如人员费用、房租、水电费用、带宽、办公设备及服务器折旧等；另外一类是变动费用，比如差旅费、电话费、招待费、市场费用等。

固定费用非常可怕！这些费用一旦开始花，每个月都必须花，很难终止。还有，一旦习惯后，一般不会想到取消。所以，一定要高度重视固定成本，比如租用新的办公室、租用 IDC 机房、随意增加员工等。如何控制呢？在每年、每季度预算会上的重点就是固定费用的分析。

变动费用每项看上去并不多，一个月总数好像也不大，但累积起来总数并不小。比如对于一两百人的公司来说，每个月多 3 万元电话费，看起来并不多，但一年就是 36 万元！还有很难管理的打车费、招待费等。这项成本是每月财务分析会的重点。在管理交通费、电话费、招待费三项最难管理的费用时，各家有各家的高招，而最核心的一条就是具体问题具体分析。

这样分类的好处在于，企业必须花的钱相对可控。一旦遇到危机，先停掉所有的变动费用，然后分析固定成本，逐项定计划消减，整个成本就一步一步控制下来了。在 2003 年非典前，金山的费用大约在 450 万元/月，金山发布控制费用的紧急要求后，成本迅速控制在 250 万元/月以内。

钱是从市场上来的，并不是靠铺摊子铺出来的。一个业务员，一个月能拉来一万元的业务，十个业务员，不一定就能拉来十万元。业务的规模是扩大了，业务却不一定跟随想象一块扩大。但摊子是要用钱来撑的，有多大的摊子，不一定就有多大的收入，但有多大的摊子，却一定就得有多大的投入。当摊子铺到一定的程度，钱花得差不多了，于是紧缩办公场所，处理办公用品。

每年无数的新公司注册，新公司注册之时，也都踌躇满志。每年也都会倒闭无数的公司，而那些真金白银置办起来的家具装修，却统统被归为了一类：废品。

很多公司，在员工工资上精打细算，但是在其他地方却是不惜血本的。不到十个人的公司，就敢撑上百人的门面，就敢花费几万块钱置办一个老板桌，就敢租一个上百人的办公场所，就敢配备上百人的办公设备。

也许有人会说："不栽梧桐树，引不来金凤凰。"但现在这个社会，梧桐树都练成林了，凤凰不缺那一棵两棵的落脚地，一厢情愿的等待，会比单相思更让人凄惨。

钱是要省着花的，任何的投入都要精打细算，任何的投资都要坚持不见兔子不撒鹰。一个公司最大的浪费在于空耗。不仅金钱会顺着这个缝隙迅速漏干，空耗最折磨的是人心。

英国哲学家奥卡姆曾经提出一个著名的"剃刀原理"，这个原理称为"如无必要，勿增实体"，即"简单有效原理"。一些不必要的办公用品的添置，一些不必要的部门的增设，一些新业务的开展，都是在欠考虑的情况下草率添加的实体。而这些实体自身所造成的混乱，远远大于其所带来的效率。所以，任何一家公司，如果要添加某些用品的时候，要考虑："是不是必须要添加了。"要设立某个部门的时候，是不是不设立就无法运行了。要招聘新人的时候，是不是业务已经多到没人开展了……

管理是成本，而且的非常大的成本，它会在不知不觉中，把资金和精力吞掉。

当资金拮据、人心涣散的时候，一家公司也就回天乏力了。

10

把市场当战场

多花点精力关注用户

雷军经常会遇到求支招的，他一般会拷问对方两个问题：第一，你的目标客户群有没有跟他的朋友也是目标客户群的人推荐过你的产品？第二，你认识多少个你产品的用户？

有人回答：不认识多少个用户。雷军会着急得继续拷问：那你怎么跟他们打成一片呢？你怎么知道他们需要什么？这些，在雷军看来是非常重要的问题。

雷军创立小米时，对过去的金山模式有过深入骨髓的反思。一个最重要的反思就是产品思维。“中国很长时间是产品稀缺，粗放经营。做很多，却很累。一周工作 7 天，一天恨不得 12 个小时，结果还是干不好，就认为雇佣的员工不够好，就得搞培训、搞运动、洗脑。”其实，这根本就是避重就轻。想解决问题，但是没有发现问题是什么。因为大多数时候，是产品脱离了用户，问题出在产品身上，而不是员工不努力，而是努力错了方向，导致产品脱离了用户需求。

小米成立之后，雷军吸取教训，在关注用户上狠下功夫。雷军是小米最大的产品经理。他的领导风格就是：在一线紧盯产品。如果确定一个需求点是用户痛点，就死磕下去，不断地进行微创新。

他会直接冲到产品一线。比如，雷军在接受记者采访时发现一个痛点，很多记者用智能手机录音会遇到电话打断、录音时间太长容易中断等问题。在 MIUI V5 中，雷军以自己大量接受采访以及和记者们交流来的经验，做了 MIUI 录音机的产品经理，设计了 MIUI V5 的录音机产品，很受好评。

雷军在退休的时候做专职天使投资人，每天要打四个小时电话，各个公司的董事会一打电话就是四五个小时，肯定用耳机。用耳机的人就明白耳机第一个痛点是什么，就是耳机线拿出来缠成一团，无论是多么漂亮的耳机，在口袋里都脏兮兮的，拿出来以后耳机线得理半天。

小米对耳机进行了三点改进：第一，耳机原来线是圆线，后来用扁平线，就是因为扁平线不容易打结。而小米用的凯夫拉的线，就是尼龙线，里面是铜线，铜线音质好，揣在口袋里是不会打结的。这个都是很贵的耳机才会用尼龙线，因为成本很贵。

第二是在口袋里一团，雷军想了无数种办法去收容，是用袋子还是皮套，后来他们用了橡胶的绕线器，而且绕得很优雅。

第三，小米还想办法攻克在音质、工艺等方面的问题。

将消费痛点放大，激发消费者解决痛点的需求，这就是小米在产品方面的追求。小米进入手机市场，定义就是“发烧友手机”，过去只有极客才会去刻意追求的体验，小米将其完善，并喊出口号，引导消费。对于消费者使用产品的各种貌似多余的细节改进，在传统企业看来，都是一些画蛇添足的事情，但是小米却引导消费者去关注它。小米的产品并没有达到颠覆的境界，但是却依靠细节的微创新，真正的解决消费者的痛点，让消费者本身可以忽视的痛点，成为消费者关注点。

也正是因为这种市场模式，让小米掌握了互联网手机的核心打法：

1. 电子商务的威力。

2. 社交媒体的威力。

3. 把手机当电脑做。

4. 发动群众运动做手机。

5. 粉丝经济。

6. 在中国的一个硅谷式创业故事。

这些总结为一点，就是雷军所说的：小米销售的是参与感。这才是小米秘密背后的真正秘密。

小米的成功，除了赶上智能手机的大势，微博勃起的大势，小米和雷军背后真正的一股大势是这种百万级用户参与的粉丝经济学，这也制造了很多让人看不懂的“用户扭曲力场”。

扭曲力场是《星际迷航》里的一个术语，外星人通过极致的精神力量建造了新世界。苹果的员工曾用“现实扭曲力场”来形容乔布斯。

也可以说，米粉通过极致的精神力量建造了小米的世界。在小米内部调研，不管是产品、技术、营销、运营，也都把米粉当作第一原动力。

小米构建了一个用户扭曲力场的金字塔，塔基是广大的用户。他们从微博、微信、事件营销等跟随参与小米的活动，介入不深，但，是一个强大的跟随者群体。

金字塔的中间则是米粉，这是一个关键的群体。小米能成功的另一大原因也有赖强悍又忠诚的米粉的支持。在小米成立之初，雷军制定了三条军规，其中最重要的一点就是“与米粉交朋友”。

如何能让“与米粉交朋友”落到实处，而不是一句空话？

小米的做法就是把它变成一种文化，变成一种全员行为，甚至赋予一线以权力。比如，小米给了一线客服很大的权利，在用户投诉或不爽的时候，客服有权根据自己的判断，自行赠送贴膜或其他小配件。另外，小米也非常重视人性服务。曾经有用户打来电话说，自己买小米是为了送客户，客户拿到手机还要去自己贴膜，这太麻烦了。于是在配送之前，小米的客服在订单上加注了送贴膜一个，这位用户很快感受到了小米的贴心。

金字塔的塔顶是可以参与决策的发烧友。小米论坛里有一个神秘的组织——荣誉开发组，简称“荣组儿”，这是粉丝的最高级别。“荣组儿”可以提前试用未公布的开发版，然后对新系统进行评价，鉴别新版本是好的还是不好的，甚至有权力跟整个社区说：“荣组儿”觉得这是一个烂板，大家不要升级。当“荣组儿”认定有些问题如果不改掉就判定为烂板时，小米的工程师们就会特别紧张，觉得特别没面子，然后尽快采取行动解决问题。

“荣组儿”甚至会参与一些绝密型产品的开发，比如 MIUI V5。MIUI 负责人洪锋说：“很多的沟通是双向性的，需要给用户权力。就像信访办，如果用户觉得提意见并没有什么效果时，久而久之他就不会再张嘴了。只有他觉得自己做一些事情会让你很难受的时候，他才能有动力。提前给‘荣组儿’试用 V5 新版本其实也是承担了很多泄密的风险，但是又不能够得罪用户，所以当时我们选了大概是 10 个用户，这些用户在‘荣组儿’里面人品是久经考验的，他们是我们用户里面的常委。当你真的信任了用户，用户也会信任你，说到底，其实这是一个社区培育的问题。”“荣组儿”这个组织自 2011 年下半年成立以来，并没有出现过任何泄密的情况。

“可怕”的米粉就是如此制造了一个强大的“扭曲力场”。但是，这个“扭曲力场”的源头还是产品。

公司想要成功，必须知道用户需要什么，如何做出让用户满意的产品，要多花点精力关注用户。

在雷军看来，现在的软件研发越来越强调团队协作，不少团队都配置了专门的需求分析工程师、用户界面及用户体验设计师，软件研发的分工越来越细。很多程序员以为只要把技术搞好就行，不用管用户需求和用户体验。实际上，需求方案及界面方案不可能写得非常细，具体的实施还是程序员自己来实现的。这个时候，好坏的差距很快就体现出来了。

其实，写程序的最终目的是满足用户需求，不是简单完成需求规划方案中的功能。所以，程序员一定要认真揣摩用户心理，能明白用户的真实需求。

在雷军看来，创新不是排山倒海，而是真正地走进消费者的生活场景，从消费者的痛点出发，将痛点变成一种新的体验。关注用户，才能换来用户的关注。脱离用户需求的自娱自乐，永远无法让用户买账，自然也不会成功。

做到极致就是把自己逼疯，把别人憋死

雷军曾经拿出100万元征集小米手机壁纸，收到几万张图片，公司为此专门建立了筛选系统、招募专业评委，一张张地遴选参赛图片。为了这张能让“90%的人都喜欢、没有人不喜欢”的壁纸，小米还购买了几万张图片，几十位设计师被折腾了将近两年……但在雷军心中，还没有一张照片像Windows经典的草地桌面、或是iPhone默认的水滴背景那样有近乎普世的接受率。这种与“完美”的距离，是雷军的遗憾，但也是手机行业让他激动的地方。

现在，小米绝大部分的工程师都来自谷歌、微软、金山、摩托罗拉、诺基亚等经典互联网硬件公司。对于这类智力活跃人群，好的创意和产品方向几乎可以说是层出不穷，而雷军毫不担心小米“变态的”完美倾向会影响员工创新的积极性，他更看重的是员工能否将有限的业务做到极致。“（我们有）很多聪明人，每次见面恨不得跟你讲十个good idea（好主意）。但我们不需要。我们用更重要的方法告诉他们（少做点儿事情）。很简单，就是问，你的事情是不是已经干到极致了？你现有的事情是不是已经干到不能再有进步了？”

在雷军看来，“极致，就是做到你能做到的最好，就是做到别人达不到的高度。”

说到这个观点，雷军举了几个例子，Instagram 被 Facebook 用 10 亿美元收购。Instagram 只是一家 13 人的小公司做的图片分享应用，只花了 2 年时间就发展了 5000 万用户、卖了 10 亿美元。Instagram不是 iOS 上的第一款照片分享 APP，甚至不是第二款或者第十款。是什么让 Instagram 能值 10 亿美元？说白了，Instagram 真正与众不同的是，把易用性做到了极致。十几种滤镜效果，一键分享，社交元素，让用户在手机上分享图片非常简单方便。

极致，其实说起来很容易，做起来很难。

雷军还以笔记本充电器为例。有多少人用 PC 笔记本？为什么 PC 笔记本充电器又大又难看，还那么难用？为什么没有一家公司把 PC 充电器改得像苹果充电器一样漂亮？以前的时髦是每天带着笔记本上班，却还要装一个难看又难用的充电器，那真的是很痛苦。而这也是苹果成功的关键。

现在是信息过多，怎么样把东西做得很精致，并且真正做到极致，才有价值，才是问题关键。

要做好一件事情，就要尽全力。即便尽全力，也未必能解决好一件事情。尽全力而解决不好一件事情，主要就是因为方法不对。尽力，分为好几个层次。一种层次还是就事物表面用力。这种用力，可以说是不用心的那种用力。当然，有人也会说，我已经用心了，已经尽心尽力了。其实不然，如果真的尽心尽力了，那是否每个细节都做到了极致？

创办小米三年来，雷军一直保持着一个习惯，就是每周一9：30至13：30不吃饭，专心只干一件事：与一线的工程师、设计师、产品经理讨论，怎么把产品细节做好。

MIUI V5 发布。其中有一款叫“多看”的阅读应用，研发了两年时间，里面有 3000 本书。“这 3000 本书是从 76 家出版社几十万本书中挑出来的，每本书都精排过，如图文混排、数学公式、化学。”

雷军还发现 PC 端许多扫描版文件没法看，于是把它们切成一个个小方块，按照手机屏幕尺寸进行重排，让它们在手机上也能阅读。

用这样的理念，雷军逼着员工去打磨产品细节。“把自己逼死，把别人逼疯，如果自己都没被逼疯的话，那可能还没到极致。”雷军说。

他把这套理念灌输给了员工，说：“公司没有 KPI（关键绩效指标法）考核，只考虑两点：第一，用户看到产品会不会惊呼；第二，用户会不会向朋友推荐产品。”

为了达到这个目的，雷军把公司架构最大限度扁平化，并花大量时间亲自参与产品设计讨论。“我常常跟员工讲，整个公司就是一个项目组，我就是项目组组长，里面有 5—6 个拿主意的人，1—2 天对一次话，有想法就立刻拍板、立即执行。”

小米 logo 倒过来看是“心”字，用心做手机，这是小米的追求。要做好一件事情，就要尽全力。每个细节是否做到极致，是检验是否用心的最基本标志。是否每个细节做到极致，首要的问题就是，是否每个细节都认真做了分析，所采用的解决办法，是否是所有解决办法中最好的办法。

用心，就是要做到别人看不到的东西，也做得非常好。小米第一次做手机，为什么一上马就是双核 1.5G 处理器？就是高通、夏普、三星、LG 的元器件？还要找英华达、富士康代工？只有这样，才能做到别人达不到的高度。小米手机销售半年多时，在市面上同等配置手机也还是极少出现。

小米的极致，就是要把别人看不到的东西也做得非常精致。有人曾经指责小米山寨了 iPhone，对此，雷军说："我有这么大本事吗?"伟大的作品是根本不可能被抄袭的，iPhone 的图标做得太极致，而且越做越好，小米现在根本做不到，连图标都达不到人家的水平，雷军认为，谁说他的手机做得比 iPhone 好，那叫无知。作品做到极致的时候是不可能被抄袭的。如果小米还会被别人抄袭，那是因为做得不够好。所以，雷军不怕别人"山寨"小米，因为被"山寨"只能说明他们做得不好。

雷军说："我们要坚持互联网行业每周迭代，因为每周迭代就是对自己很大的推动，你出新版本，要有什么功能，就推动你自己非常快地推陈出新。我们中国的商业服务水平还是非常之低的，只要我们稍微动一点点心就能打动消费者。我们小米还有无数不完美地方，我们还需要下功夫改善。我们所有小米人，只要用互联网思想武装自己，你就能事半功倍，你就有办法做得比用户想象的要好!"

赚钱是把用户服务好之后的事情，雷军认为，小米的产品还有很多需要增强的部分，还有很多需要改进的部分。有很多新的同行加入竞争，这就说明小米还有很多地方做的不够好，如果真正把这个事情做到极致的话，他相信赚钱应该是比较容易的事情。

举轻若重，按照事物本来的程序，所有的问题追究到最后的极致，把所有细节都做到最好，只有如此，才能保证每件事情都能做到最好。

无知，反而无畏

有时候，无知，反而无畏！无知，没有任何约束，反倒引入了很多别的行业的知识和经验，往往创造了更大的辉煌！网页游戏，就是用互联网方式做游戏，摆脱了原来做客户端游戏的传统软件方式。反而能实现创新性的突破。

雷军没有做过手机。在做手机方面，他完全称得上“无知”。

在2011年雷军高调宣布做手机之际，不懂的都在摇旗呐喊，“懂的人”都充满疑虑甚至不以为然。其诟病主要集中在雷军及雷军系并不具备硬件的基因和量产的经验，贸然进入手机红海将凶多吉少。当然这样的判断，同样折射出部分手机圈老人的傲慢与偏见。

事实上小米用400万台的销量，和公司近40亿美元估值，阶段性有力地回击了这些质疑。传统手机产业，对于雷军的小米，经历了“看不起，看不懂，学不会”三个阶段。

其实，雷军在决定做小米的时候，心里也很忐忑。

“你一定要说服你自己，说服大家，甚至真的看好你自己，而且在风险很大的时候，你愿不愿意投资自己。有了这样的决心以后，我要克服的东西是什么呢？我要克服再创业的最大的风险是心态。”

对雷军来讲，再创业做不好的核心原因是心态——急于求成，觉得自己什么都懂，觉得自己很厉害。“我是把心放到什么都不懂的状态来创业。”

无知，反而无畏，无知无畏，最能创新。

小米在很多地方是创新的，这也是传统手机商“学不会”的：

品牌建设的创新。小米的模式，首先解决了品牌的问题。雷军的个人品牌、传播力、影响力，不但有效地帮助了小米品牌的建立，而且是用非常低的营销成本。在互联网上，雷军作为一个人格魅力体，完成了自己品牌的价值变现，而小米手机，开启的其实是一个人格魅力体的新时代。在未来人格魅力体，都可以直接向其粉丝销售其产品或服务，以获得价值变现，完成商业的闭环。

渠道建设的创新。雷军的势能，及雷军系电商的相互助力，终于帮助小米突破了原有渠道的藩篱，意义在于手机销售渠道建设上的颠覆式创新。互联网销售的扁平化，去除了线下多极渠道的盘剥，每一分钱都落到小米的口袋里。

供应链层面的创新。小米凭借电商预定的模式，做到了以销定产，这是传统厂商梦想未曾到达的。凭借终端消费者巨额的预付款，同时享受了传统品牌商相对上游的供应链优势，又没有传统渠道商压货之虑，先收钱后发货，小米现金流优势明显。

利润获取方式的创新。抛开纷繁的移动互联网概念、MIUI的概念，小米获得的超高利润，还是源自硬件销售，这是不争的事实。小米获得的超高利润，还源自于倍受争议的期货模式。众所周知，手机产业链的物料价格，会随着时间不断大幅下降。产品发布之际的超高性价比，随着时间的流逝，逐渐成就了产品销售的超高利润。顶着超高性价比的帽子去发布产品，却由于期货的模式获得了硬件销售的超高利润，这是小米无法在被诟病中自圆其说的关键点。对比一下小米的模范对象，苹果也同样获取了硬件销售更多的暴利，却没有人去攻击，原因在于苹果的生态链及品牌溢价。所以只要丢掉超高性价比这顶帽子，小米其实很容易回应这些质疑，只需要解释这是小米的品牌溢价即可。而你们挣不着，不过是因为你们品牌价值低，你们攻击小米，是因为“羡慕嫉妒恨”。

资本运作的创新。作为天使投资公认的第一人，雷军对接资本的能力毋庸置疑，这同样是小米的核心竞争力。2010年底，小米完成A轮融资，引入Morningside、启明和IDG为主的风险投资约4100万美元，公司估值达到2.5亿美元。其中，公司56名小米科技员工投资了1100万美元。在A轮融资同时，核心员工共同投资如此大的数额同样是罕见的，这恐怕也是一种创新。

当然，创新意味着以无畏的精神，不断克服那些意想不到的困难。

雷军在小米创业的时候，遇到的一个大问题就是供应商问题。雷军说：“供应商不理你，还有更拽的呢，我就不说名字了。不理你，包括富士康。你以为富士康会帮你生产？开玩笑呢，理都不理你。所以我们把所有排名第一的老大，业内的供应商全部敲了一遍。终于有公司帮我们干，过了半年做下来了，富士康找我们做了，现在富士康是我们第二个供应商。”

但让雷军引以为自豪的是，小米干了几个月以后，在所有手机的排行榜上排前五位了，小米前面是苹果、三星、诺基亚、HTC。每天小米有好几百万的搜索量，因为小米没有在淘宝开店，淘宝上的都是“黄牛党”卖的，“黄牛党”卖得比小米贵20%，还能排到前面，偶尔也能排到第一位。

这些问题，都超出雷军的意料。雷军说：“很多人都问我小米为什么能够成功？我说其实就是互联网的出现，那么互联网是个什么东西呢？互联网对我来说其实挺难的，因为我们原来是做传统的行业。15年前，或者更早的一个朋友，我们以前都是一起做软件的，一个软件公司想理解互联网公司其实是很难很难的一件事情。1999年，我就处在极度的焦虑之中，这个我怎么能转得过去呢？其实，那些互联网公司，往往都是无知者无畏。很少有足够商业经验的人干成的，我们以前的所有经验都变成了障碍。所有的经验变成了障碍，这多恐怖，说你没经验就是好的，有经验你误入歧途，你死定了。"

其实，就互联网来说，几乎所有东西都是新的。雷军乐于接受这个挑战："你原来的经验还能用得上，但是你要重新武装自己，武装什么呢？第一点、互联网不仅仅是一种技术，互联网最重要的是一种观念。你要学会用互联网观念去想问题，保准我们这个行业，如果用互联网去想问题，一定可以办得非常好。很多人都说我是很成功的天才，其实不是的，是因为我掌握了一整套的方法论。就是这样的，我不过就是用这种方法，帮助了那么多企业创业，成功率非常高，这是一整套方法。你们可以看看，每一家公司都是这样的，我找最优秀的人，跟我关系最铁的人，给他钱，鼓励他，然后说你干，没关系，死不了，死了也没关系，早死早超生可以再来。就是这样的，没关系的。所以互联网思想的核心是什么？是七字绝，这个七字绝就是我一直讲的，就是我经常念的经，叫专'注、机制、口碑、快'，就这七个字，我的观念是由互联网思想武装的，事半功倍，攻无不克，战无不胜。"

互联网是一种思想，是一种精神，一种无知无畏的精神，一种不怕困难、不怕死的精神。只要有这种精神，就不怕跌倒，就不怕失败。

品质好，不一定卖得就好

在讨论市场方案的时候，经常听到有人会说我们做得如何如何好，肯定会有很好的效果。这种说法很可笑，以商家之心，度消费者之腹，永远是自负和冒险的行为。当然，最牛的商家在于改变消费者的习惯，让消费者跟着自己走。但并不是任何一个商家都有能力做到这些。看到一个明星穿了一件比较拉风的外套，受到粉丝的追捧，就以为自己穿上也会受到围观的想法是幼稚的。

所以，作为商家，不仅是要自己做得多好，最关键的是要让消费者承认。任何商家都不能代替消费者思考，任何商家也不能代替消费者对自己的商品做出评价，当然，任何商家也不能替消费者做出消费选择。市场的需求是开拓出来的。“我的产品这样好，消费者一定会接受。”这样的推断是不成立的。“产品好”与消费者接受之间，不是必然的因果关系。所以，这两者之间连接的时候，不能用“应该”、“一定”，而只能用“可能”，而可能的东西，永远无法作为决策的依据。

对此，雷军有切肤之痛。早在金山的时候，雷军就从台湾倚天汉字系统上了解到了直接写屏技术，1991 年还亲自动手写出了直接写屏的汉字显示模块。但是，此时的雷军没有意识到应该把这些技术应用到 WPS 上去。后来，UCDOS 之所以能取代了 WPS，攫取了 DOS 中文平台上最后一块“肥肉”，靠的就是直接写屏技术。

受到打击的雷军，放下了手中的程序，走到中关村，向市场成功人士虚心请教。“我开始去拜各路英雄的山门。我本来是一个非常傲气的人，而且是一个很骄傲的人。当你在经历的每一个点上，都是最优秀的，这个时候要你给每一个大爷去低头，那个感觉真是不好受。”虚心的雷军，在这段时间收获颇多。“跟天汇总经理沈江交往，使我看到了一个公司应该怎样做市场。沈江在很短的时间之内，让天汇这个品牌在没有多少广告支持的情况下，成为了UCDOS最主要的竞争对手，演示了一个软件产品完整的市场套路该怎么做。英汉通总经理杜红超教给我一个最重要的理论就是，要用卖白菜的方法卖软件。”

这两个人使雷军认识到，产品好，卖得不一定就好。“我们过去是一帮自以为最聪明的人关在象牙塔里，天天想我自己能做出什么好东西。但实现是市场第一，绝对不是技术第一。”

在金山的时候，雷军曾经领头开发过一款较BITLOK的产品。当时，BITLOK已经是一套很完善的商品软件，但从来没有作为一套真正的商品软件在货架上销售过。BITLOK从技术上讲比较成熟了，但从市场上讲，等于还是一个实验室的作品。1993年，雷军一个朋友有兴趣推销BITLOK，雷军坚持认为BITLOK是一个业余产品。后来在这个朋友再三的劝说下，BITLOK才有机会摆在货架上。这个朋友非常尽心，产品宣传和技术服务都下了很大的功夫，BITLOK很快就赢得了不少客户。

在这件事情上，雷军开始认识到。如果一个产品没有市场宣传、销售和售后服务等多项保证，就不是一个真正的商品软件。如果没有那个朋友非常下功夫地推广，BITLOK永远也成不了真正的商品软件。

开始做小米的雷军，已经不是那个刚出道时的毛头小子了，在做好产品的同时，小米在营销上，也实现了革命性的创新。

制造可以供消费者谈论的故事，进入公共传播议题，这是小米营销的一个重要方式。小米的营销主要靠互联网，靠社会化媒体和自媒体，而小米在应用这些媒体的时候，非常善于制造故事和噱头。无论是雷军被刻画成雷布斯，还是小米的各种新闻，小米将这些故事成功地通过自媒体扩散进入公共媒体，成为人们谈论的对象和话题，让品牌本身带来时尚感和流行度。

很多传统厂商的产品，从来没有任何故事。品牌是要让消费者谈论的，这是一种消费者主权。在科技时尚领域，一个产品如果连消费者都不想谈论，要在互联网时代取得领军地位，会越来越难。一个产品不能被卷入大众传播议程，消费者仅仅是“凑合买”“凑合用”，很快就会被遗忘，“流行度”是传统企业需要去思考的关键词。

营销的核心，在与抓住目标群体。而抓住族群，制造粉丝效应，扩展粉丝经济，是小米营销的另一大特色。小米利用手机发烧友概念，定义出一个新的消费族群，这个族群，和人口学、社会学无关，和是不是屌丝无关，只和他们是不是追逐科技新潮流有关，最终，和他们是不是小米手机的铁杆有关。这种将消费者标签化和族群化的方式，有点类似建立一种品牌宗教的概念。因为所有手握小米手机的人都会为其摇旗呐喊，而小米通过各种氛围的营造，让这些粉丝心甘情愿为之奔走相告，并集结成为拥有共同兴趣爱好的群体，分享和推动品牌的发展。

论坛是小米新营销的大本营，它的用户数量、发帖量、点击量基本上达到了一个小门户网站的规模了。和其他技术论坛不一样的是，小米论坛有一个强大的线下活动平台——“同城会”。

这个创意源于黎万强混“车友会”的经验。他发现中国人买手机和买车的行为方式很相似，都会先泡论坛、参加线下活动。目前，小米的同城会已经覆盖31个省市，各同城会会自发搞活动。小米官方则每两周都会在不同的城市举办“小米同城会”，根据后台分析哪个城市的用户多少来决定同城会举办的顺序，在论坛上登出宣传帖后用户报名参加，每次活动邀请30—50个用户到现场与工程师做当面交流。

“0预算”之下，黎万强发力的第二个点是微博。最开始只期待起到客服的作用，但是后来发现微博的宣传效果超出了想象。小米能在微博平台迅速吸引大众的眼球，这与小米团队本身的背景有关。黎万强是设计师和产品经理出身，是个摄影发烧友，早期的营销团队都是产品经理出身，能够很快速地去理解微博上这种以图片、视频为元素的事件型传播点，同时像做产品一样进行精细化运营。

论坛和微博营销也是很多公司的常规武器。但是，小米基本放弃传统的电视广告、户外广告等强势渠道，把论坛+微博等新营销工具变成了杀伤级武器。

很幸运的是，小米碰上了一个大的顺风车。2010年正好是微博大爆发的时候，小米迅速抓住了这个机会，并变成品牌的主战略。从小米网的组织架构上，你能看到这种战略聚焦，小米网的新媒体团队有近百人，小米论坛30人，微博30人，微信10人，百度、QQ空间等10人。

客服不是挡箭牌，客服就是营销。小米论坛是这种服务战略的大本营，微博、微信等都有客服的职能。小米在微博客服上有个规定：15分钟快速响应。为此，还专门开发了一个客服平台做专门的处理。特别是微博上，不管是用户的建议还是吐槽，很快就有小米的人员进行回复和解答，很多用户倍感惊讶。

一个完整的商业行为，是包括生产、销售、服务在内的统一整体，任何一个环节上的纰漏，都会使整个产品的质量大打折扣。品质好，不一定卖得就好，任何忽视营销以及客服的产品，都不会走得太远。

要对市场极其敏感

大家都听过到非洲卖鞋的故事，有人觉得非洲没有市场，而有人觉得非洲市场很大。这就是一个关于洞察力的典型例子，觉得非洲鞋子市场很大的人就穿透表象看到事物本质。史玉柱把脑白金这样的保健品精确定位在送礼，源于他在武汉和一群老年人交流后发现的市场需求。

对一家公司的管理者来讲，最大的学问在市场，一切决策的依据也在市场，屁股决定脑袋，永远是可笑的。屁股思考问题与脑袋最大的不同就是，屁股永远把可能当作一定，或者，在他们那里，可能就已经是一定了。所以，他们总是用一些也许会成立的判断来指挥市场，并做出一些莫名其妙的决策。就像一个指挥官坐在办公室里，遥控指挥战场一样。

1996 年金山在微软和盗版的压力下差点关门，这个时候雷军反思最多的是我们做的产品为什么卖不出去。雷军站了 90 天店面，天天和用户面对面地交流，终于找到了一些感觉。1997 年金山开始重新创业，做了词霸、毒霸、网游等，都比较顺利，最重要的原因是有了一定把握了市场需求的能力。

一个人只有在战场上真刀实枪地拼杀过，才会理解战场的残酷；一个人只有真正在市场上跟消费者或客户交流过，才真正理解市场的困难。

只有进入市场，才能真正了解自己客户的需要。只有客户需要的方案才是好方案，只有客户需要的产品才是好产品。市场是现实，不是想象。就像即便科技发达，也无法完全用人工的方式造一棵自然界哪怕是最平常的树，头脑再聪明，也无法依靠想象去了解哪怕是客户最简单的需要。

一个盲目的管理者，只看到市场空间，而一个称职的决策者，既能看到市场空间，也对自己和竞争对手有准确而充分的认识。

雷军的说法是："你做一件事情肯定要了解同行做到什么程度了，要做充分的市场调查。我也拜访了很多家……我也有过其他的思路，但最终决定自己做。做顶配手机，有实力的不见得愿意跟你合作，没实力做出中等水平又不是我要的，只能自己做。"

要对市场极其敏感，不能太超前。带头可以，但要时常看看自己后面，别人跟上来了没有。

在开始一个新项目的时候，要看之前有没有人在做这件事情，看看现在有多少人在做这件事情。如果有人做着或者做过，那就要考察他们在哪里做，怎么做。如果没有在做，就要考察这件事情没人做的原因是什么？别人成功的经验可以不借鉴，但别人失败的教训，一定是自己宝贵的财富。

一个项目做出这样的考察，还有一层深意：不是所有超前的东西，都是现在努力的方向，太超前跟太落后一样不合时宜。

"来早了不如来巧了"，很多事情做晚了，就没有机会了，但做早了，时机同样不成熟。所以，当开始一个新行业的时候，一定要正好踩在步点上。不要跑得太快，跑得太快，别人跟不上来，自己就成了先驱了。所以，开创性的工作很大的精力要花费在条件的准备上。包括各种硬件的准备、人才的培养。“理论一经群众掌握，会变成物质力量”，在进行一些开创性的工作的时候，先用理论影响群众，不仅能减少反对者，而且能找到同盟者。

所以，在创新上来不得清高，要让别人跳起来就能够得着。

小米显然找准了市场的爆发点。

2012 年 4 月 6 日，在小米公司两周年米粉节上，现场面对上千米粉，6 分零 5 秒，10 万台小米手机被抢光，小米手机的销售似乎成为了手机行业的超级“大片”，创造了一个个票房纪录。

数据反复刺激了所有人的神经。这不就是一部手机吗？直到现在，依然有很多人搞不懂为什么小米能一夜暴红，在传统的观念中不是说做手机硬件没前途吗？回过头来，雷军也在问自己这是为什么。

总结小米的商业智慧，其核心无非就是对市场的敏感。

小米公司有三块主要业务，小米手机、MIUI 和米聊。通过米聊以及小米论坛，雷军不断进行着粉丝积累。

米粉文化直接刺激了手机销售。因为小米手机长期处于缺货状态，一旦小米官网有秒杀活动，米粉们在各自公司一号召，往往全公司都会去抢。最后，大家反而不像是在为买手机而买手机，而是俨然成了一场相互比拼运气的游戏。互联网是体验经济和服务经济。小米卖智能手机，卖智能电视，都是低价格，而且在传统企业看来，这种低成本根本无法支撑，但是他依然在坚持，从小米1到小米3，价格都是一样的，智能电视更是以2999元让传统电视机厂商大为惊愕，为什么？互联网经济是体验经济，是服务经济，单纯靠功能打动消费者时代已经过去，基于产品构建周边的服务链条、信息链条、内容链条才是核心的商业模式，这是互联网时代的商业生态。

传统企业，往往是做一卖一，最终陷入产品功能化竞争的泥潭。互联网注重对于消费者需求的延展性开发，这种开发更多要从服务、内容等等入手，就如同乐视、爱奇艺和TCL推的智能电视一样，内容、广告和体验才是其真正卖点。传统企业需要思考的是，如何挖掘消费者围绕产品的需求链条，并通过更多的服务形式和体验来满足他们的需求。

小米在做好手机的同时，大量的衍生品开始上市销售。什么小米棒球帽、米兔公仔、小米卡通贴纸销售良好？如何理解这种粉丝文化？在北京的小米之家留言墙上，我们看到了这样一张笔迹稚嫩的手写纸条：谁说小米是山寨？我就是喜欢，虽然还不完美。

产品、生产、营销，小米连闯三关，轻轻站稳。2010年相关机构对小米的估值为2.5亿美元，2011年就已经达到10亿美元。

“有人排队的小餐馆理论”是其产品理念的核心。雷军说，很多人并没有听懂这个，小餐馆成不成功的标志是有没有人排队，小米为什么要做有人排队的小餐馆？“第一，这种餐馆一般大厨就是老板，而且大厨每天在店里盯着，跟来的很多熟客都是朋友。第二，他有很强的定力，坚信把产品做好比赚更多的钱重要。我们正常的商业一定会是说，有一家排队搞两家，两家再搞四家，再搞连锁。结果一步一步就被商业所扭曲了，所以好的东西就越来越少。我们希望小米的所有成员都在产品的一线，而不是当老板，当管理者。”

只有所有的人都在产品一线，才能保证所有的人都能接触市场信息，并及时传递，能保证能对市场信息及时做出反馈，也才能保证生产始终与市场同步。

天下武功，唯快不破

一个曾经在国内知名互联网公司的技术主管，跳槽到小米之后，感觉到最大的差异是速度，小米太快了。“这个公司能成，有很多管理上值得学习的地方。创业公司，有时候说节奏决定了速度，在小米我想是速度决定了节奏，就是因为这种快的速度，所以你节奏什么的必须调整。”

小米有一款“米兔”。谈起为什么叫米兔，雷军说：“因为我们强调快，因为兔子是速度比较快的，当然我们这一阶段搞得更快。”

小米的速度确实比较惊人。

2013 年 7 月 16 日早上，在小米举行的内部庆功会上，雷军向外界透露了几个数字：小米 2013 年上半年创造营收 132.7 亿元，共售出 703 万台手机，仅上半年营收就超过去年全年 126 亿元的总收入。此外截至 2013 年 6 月底，小米共有 1422 万手机用户；MIUI 用户达 2000 万。确实不论你是否喜欢小米，至少到现在来看它确实一步步在发展，短短三年时间，小米是从零到估值 90 亿美元，造就了一个惊人的发展。

雷军坚信：“天下武功，唯快不破”，尤其是在互联网的今天。

雷军刚开始琢磨互联网的时候，其实他准备让小米花四年时间做成规模。但这确实太慢了，他每天都很焦虑，可不可以更快一点？互联网真的把速度看的非常重要，所以，怎么在确保安全的情况下提速，是所有互联网企业最关键的问题。

雷军仔细研究过在 Facebook 上 Farmville 和德州扑克，是两款非常火的游戏，都是社交游戏公司 Zynga 旗下的游戏。Zynga 是一家非常快的公司，Zynga 把游戏产品当作互联网产品快速经营，每周对游戏进行数次更新，尽量发布更多游戏、快速试错。2007 年 6 月，由马克·平卡斯等 6 人创办了这家公司，他们只花了一年半时间，月度活跃用户数即超过了 2 亿。在 2011 年 12 月上市时，市值超 60 亿美元。

“有时候，快就是一种力量。你快了以后能掩盖很多问题，企业在快速发展的时候往往风险是最小的，当你速度一慢下来，所有的问题都暴露出来了。所以，我们 MIUI 坚持每周迭代，因为每周迭代就是对自己很大的推动，你出新版本，要有什么功能，就推动你自己非常快的推陈出新。”雷军得出这样的想法。

为了验证这个说法，他主动提及他的一个投资项目：UFO 迈众。按照公开资料，这家公司是 2009 年 1 月在淘宝开了第一家网店，经营时尚女鞋，8 个月成为女鞋销量第一品牌，每月销售额环比增长 30%—50%。雷军说这家企业是典型的互联网模式：每天机器都自动上网抓取新发布的鞋款，放入数据库，设计师根据数据库资料设计鞋款，放到淘宝店等待客户下订单，订单量大的鞋款则被快速生产。这个过程将传统企业 120 天到 180 天的生产流程缩短到 30 天之内。“用互联网方式做手机，同样会对传统工业造成颠覆。”雷军说。

在小米，快是第一要义。快，说起来容易，做起来难。相比互联网和工业时代，移动互联网时代有很大的改变，其中最重要的体现就是速度发生了变化。在互联网时代，还可以慢慢做一件事情，有了好产品再发布出去。但是，如今产品两三个月不被人所接受，可能就死掉了。现在许多互联网企业的各项数据都挺好，但他们极其焦虑。在移动互联网时代，他们找不到感觉、找不到落脚点，因为互联网的组织形式和文化也已经不适应移动互联网时代了。在原有的体系内，用原来的人、原来的组织形式做一件不同的事，成功的概率是很低的。绝大多数凤凰涅槃的企业，基本都是靠组织创新。

小米从建立之初，就为“快”而建立了组织架构，并形成了“快”的文化。移动互联网时代生产者和用户之间的界限被打通了，这意味着组织要更贴近用户，不是从上往下，也不是平行关系，而是融为一体。过去的工程师都是闭门造车，小米的文化是工程师必须面对用户，必须在微博、论坛、线下等渠道与用户沟通。小米把管理员工的权力从老板身上转移到用户身上。工程师直接对一线市场负责，直接接受市场的考评，如此一来，不论是反应速度还是贴近用户的水平，自然大大提高。

一直以第三方民间团队形式发布 MIUI 操作体统的团队，以互联网方式快速迭代更新，从而积累大量用户。MIUI 团队的工作状态是：每周五发布，周日之前收集用户反馈，周三之前将成百上千份反馈评估论证，找到需要尽快修改完善的功能，一两天时间做完，周五再发布。“我们团队的人随时都在论坛，最近距离地接近客户，所有付出都能在最短时间内得到反馈，这种情况让人工作一直处于兴奋状态。”林斌说。

在小米内部，他们统一共识为“少做事”。少做事，才能把有限的精力集中在自己擅长的领域，才能把事情做到极致，才能快速。最典型的例子就是2012年“8·15电商大战”时做出的迅速反应。从8月15日早上10点半决定参加电商大战，准备降价，从策划、设计、开发、供应链仅用了不到24小时准备，第二天早上8点就上线了，上线后微博转发量近10万次，销售量将近20万台。

在雷军看来，小米三年的发展速度符合料想，唯一出乎意料的是小米规模要大了10倍。“我们当初的目标是在2012第一年里面卖30万台就行，结果卖了700多万台。”他表示，自己最成功的事情是印证了自己三四年前的构想，这也是创业最刺激的事情。

“有时候当我们刚开始一出道就融了一千万美元、两千万美元，不见得是好事，因为你没有足够的速度。所以我有一句口号‘天下武功，为快不破，要死也要死得快’。”

从2011年8月16日，小米手机正式对外发布至今，小米其实是在为整个中国智能手机市场探路，这条路一旦铺平，传统手机商和互联网公司都会蜂拥而至。但和传统手机厂商比较，小米还有一个王牌，那就是借互联网的速度实现操作系统的快速迭代，随时改进自己的用户体验。小米不是没有做到过。这是传统手机厂商联盟一时无法做到的，也是传统手机厂商该向小米学习却最难学到的。

参考资料及来源

1. 小米手机亮相 雷军用互联网思维颠覆原有规则

腾讯网 http://tech.qq.com/a/20110816/000441.htm

2. 40 岁雷军重新开始二次创业：人因梦想而伟大

创业邦网 http://news.cyzone.cn/news/2011/07/13/206445.html

3. 小米雷军：绝地重生 不想再重走金山老路

中新网 http://finance.chinanews.com/cj/2013/09-25/5322753.shtml

4. 小米雷军：高调的挑战者

新浪网 http://tech.sina.com.cn/t/2011-12-31/16466591581.shtml

5. 雷军：小米是我职业生涯中最后一件事

中国经济网 http://www.ce.cn/cysc/newmain/pplm/czrw/xw/201209/20/t20120920_21253291.shtml

6. 雷军的宿命：从万籁俱寂到舞台中央的喧嚣

阿里巴巴社区 http://club.1688.com/threadview/35215445.html

7. 困兽金山

新浪网 http://tech.sina.com.cn/i/2011-08-12/11415920598.shtml

8. 雷军：十亿美元的梦想家 铁人三项战略

新浪网 http://tech.sina.com.cn/i/2011-12-05/22406430115.shtml

9. 小米科技雷军：手机进入互联网规则时代

科技资讯网 http://www.cnetnews.com.cn/2011/0816/2052992.shtml

10. 雷军：离开金山 4 年再回创业路

大学生创业网 http://www.studentboss.com/html/news/2012-02-14/101700.htm

11. 雷军的宿命

网易网 http://focus.news.163.com/12/0210/18/7PU2P8GT00011SM9.html

12. 中国互联网业“活化石”雷军的宿命

凤凰网 http://news.ifeng.com/shendu/nfrwzk/detail_2012_02/14/12507823_1.shtml

13. 小米科技：如何建立超豪华创始人团队

和讯网 http://news.hexun.com/2011-08-19/132616971.html

14. 雷军完美谢幕

科技资讯网 http://www.cnetnews.com.cn/2008/0120/714454.shtml

15. 雷军：IT 业“最年轻的老革命”

中国电子商务研究中心网 http://www.100ec.cn/detail-4670544.html

16. 小米的创业史

小米论坛 http://bbs.xiaomi.cn/thread-6079495-1-1.html

17. 雷军：即使赔一两百万也不愿赔一个朋友

网易网 http://ljdc888.blog.163.com/blog/static/3845195520124227446540/

18. 评估创业项目的十大标准

新浪网 http://blog.sina.com.cn/s/blog_4b0e23c90100b20h.html

19. 雷军投资的第一家移动互联网企业：乐讯

艾媒网 http://www.iimedia.cn/11823

20. 小米老总个人资料之求学经历

小米论坛 http://bbs.xiaomi.cn/thread-6276220-1-1.html

21. 欢聚时代 CEO 李学凌：腾讯的敌人都是朋友

新浪网 http://tech.sina.com.cn/i/2012-06-25/08367306023.shtml

22. 大佬语录之雷军：我很享受小米的创业过程

大众网 http://bbs.dzwww.com/thread-35717938-1-1.html

23. 雷军告诫创业者：公司可以死，但做人不能失败

浙江民营企业网 http://www.zj123.com/info/detail-d209884.htm

24. 雷军：40 岁男人再出发创业 不狠不行

中国电子商务研究中心网 http://www.100ec.cn/detail-6028943.html